JN077785

福田純也
矢野雅貴
田村 祐
編著

木村崇是
峰見一輝
著

第二言語研究の思考法

認知システムの
研究には
何が必要か

Kurosio
くろしお出版

目　次

第 5 章

終章

第 1 章

第二言語研究は何を目指すのか

1. はじめに

　本書は第二言語（second language, L2）を対象とし、L2 の様々な現象を生み出す認知システムおよびその習得・処理のメカニズムを科学的に探究する研究分野に焦点を当てたものである。L2 を対象とした研究分野は、第二言語習得（second language acquisition, SLA）研究や L2 文処理研究だけでなく、言語教育研究や言語教授法研究、言語評価論など多岐にわたるが、本書が対象とするのは L2 の習得や処理を可能にしている認知システムのメカニズムを解明することを志向したものであり、外国語教育実践の実務的側面への貢献を第一義とするものではない。また想定読者としては、そのような認知科学としての言語システム・メカニズムの探究を志す大学院生や研究者を対象としている。

　以下、本章では、本書の対象や目的について説明し、なぜ言語システム・メカニズムの探究という視点が L2 研究に必要なのかを考察し、本書の導入としたい。

2.　教育実践志向と認知的メカニズム解明志向

　寺沢（2015）は、英語教育研究を「基礎科学」と「政策科学」に分け、認知科学的なアプローチをとる「狭義のSLA」研究を「基礎科学」に分類している。そして、基礎科学としての科学性と政策科学としての科学性の評価軸は独立していることを主張している。ここでいう基礎科学とは、メカニズムの解明を重視し学習に関する現象を解明するための科学であり、他方の政策科学とは教育政策の実行・評価のための科学を指す。基礎科学はメカニズム解明が主たる目的であるのに対し、政策科学は意思決定をその最たる目的としているので、メカニズムの解明には主眼を置かない。医学で例えるならば、認知科学的SLAは生体の内部を対象とし病気の発生機序の解明を目指す病理学的なアプローチに相当し、指導効果研究などのような研究は、より高次の集団を対象とし、その集団のおかれた文脈を考慮に入れたうえで処遇の因果的効果を研究対象とする疫学的なアプローチに相当する。病理学は病気が生じるメカニズムを特定して効果をもっと予想できる処遇や薬などを提案することができる。ただし、その処遇や薬が投与された際に、実質的にどのような効果が得られるか、意図しない副作用が起こらないかなどといった検証は、様々な集団に対する膨大な症例から統計的に因果効果を分析する疫学的な知見から得られるものである。このような因果効果を明らかにしようとする場合は、病理に関する基礎科学的事実よりも、処遇や薬が症状に対してもつ直接的な効果の大小に焦点が当てられる。

　このように目的が大きく異なる場合、それぞれのとるべきアプローチは目的に準拠し異なったものとなると考えられる。例えば、シロアリは生理学的研究や生物学的研究の対象となる。一方で、その社会的挙動や集団で形作る蟻塚の構造はその生理学的・生物学的研究のアプローチからは明らかにならないため、その解明には別のアプローチを要する。このように科学研究においては、それぞれの研究者がどのような関心で現象を見るかによって、同じ対象であっても異なる分析レベルで異なる研究アプローチが要求される。同様に本書は、基礎科学的SLAと政策科学的な言語教育研究とでは、とるべきアプローチが明確に異なるという立場に立っている。しかし近年、日本に

おける英語教育研究ではこういった目的の異なりに対して十分な議論が進んでいない。この結果、主として基礎科学的なアプローチから得られた結果をもとにして政策の提案や議論が行われてきたという批判に英語教育研究はさらされている（寺沢, 2015）。政策科学としての言語（英語）教育研究のあり方は、エビデンス・ベースト・アプローチを整理した亘理ほか（2021）に譲り、本書は基礎科学的アプローチのL2研究のあり方について論じる。

　これまで基礎科学志向のフォーマットに則った研究が主だったということならば、従来までのアプローチを踏襲し知見を蓄積していけば、基礎科学に属するL2の認知的メカニズムはその流れのなかで徐々に解明されていくのではないか、と思われるかもしれない。しかし主に第2章で示されるように、これまで基礎科学志向と考えられてきたL2研究の多くも、それがいずれもメカニズム解明に結びつく方略で行われてきたかというと、疑問が残る。前述のようにこれまでのL2研究は基礎科学と政策科学をその目的に照らして棲み分けさせるという認識が希薄であったため、二つのアプローチがどのような分析レベルにおいて有効であるかが明確に認識されず、曖昧に混ざり合った状態が続いた結果、基礎科学的な知見が統合されることなく、L2言語教育・指導上の現れを脱文脈化し一般化したにすぎないものの集積になっているといったことがしばしばあるように思われる。

　このように、我々は**L2を対象とするあらゆる研究が教育実践に対する直接的示唆を含むべきであるとは考えない**。また同時に、**教育実践やそこへの貢献を第一義とする研究において蓄積されうる知識の集積によって、L2学習者の認知メカニズムが解明されるという立場もとらない**。

　しかしながら、このことは教育実践に志向性をもつ研究が認知メカニズム解明を志向した研究によって得られた知見を参照したり、逆に後者が前者から問題意識を得て研究を着想したり、特定の教育的処遇に効果がある／ないのはなぜかという説明（アカウンタビリティ）を得るためにメカニズムを参照したりするといった学際的交流までを否定するものではない。むしろ、そのような交流は推奨されるものだと考える。我々は、各々の研究が常に双方の目的を志向して行われるべきだとは考えず、むしろそれぞれの研究者がある程度の領域的な独立性を保ち、なおかつ柔軟に相互に参照できる関係が望

ましいと考えている。

3. なぜ認知メカニズムの研究が必要なのか

　基礎研究はメカニズムの解明を主たる目的とすることは先に述べた。では
そもそもなぜメカニズム的説明を必要とするのか。本節では、言語の習得・
処理に関わる研究がそれを必要とする理由を述べたい。

　行動主義心理学の反省から、ヒトの心的プロセスについて検証可能な推論
を行うことを唱えた認知革命以降の言語学は、人間の心の仕組みを対象と
し、我々の言語使用を可能としている言語知識はどのようなものなのかとい
う問いを探究してきた。本書で主として扱う生成文法の場合、ヒトが今まで
に聞いたことがない文であっても容認性を判断できたり、理解したり産出し
たりできるという事実から、言語の知識がこれまでに経験した文の総体の記
憶によるものではないということは明らかである（またそれは L2 において
も同様であることの証拠は、本書第 3 章・第 4 章で示される）。このことか
ら、生成文法理論では、外界で観察できるデータは単なる言語能力のあらわ
れとみなし、それらを生み出す心的メカニズムの研究の重要性が強調されて
きた。生成文法と対立する形で創始され独自に発展してきた認知言語学に
おいても、言語の機能的体系が言語コミュニティーに共有されていること
を前提としており、その意味で言語の理解・産出を可能としている知識の
体系（＝言語システム）を探究している。それに関連した用法基盤モデルと
いった言語理論はインプットからボトムアップに言語が習得されるという説
を展開しているが、それでも、言語認知システムを仮定せずに入力情報が心
的な処理を経ずそのまま出力されるというような立場は取らない。用法基盤
モデルは、実際の言語使用における定着度や主体の捉え方、社会的相互作用
などから言語のシステムを記述・説明し、またそこには様々な統計的学習
による知識の創発などが仮定されている（e.g., Ellis & Larsen-freeman, 2009;
Goldberg, 2019）。生成文法と認知言語学一般の理論では、言語を生み出す
「認知システム」として対象としている範囲は確かにしばしば大きく異なる
が、大抵の言語理論はこのようななんらかのシステムを仮定している。ま

た、そのような認知システムを経験的に明らかにするために、心理実験による
アプローチが整備されつつある (e.g., 篠原・宇野, 2021; 中本・李, 2011)。
このように言語学諸理論にはその立場によって言語システムへのアプローチ
や、その説明のために仮定する概念に異なりが見られるものの、実際の産出
や理解といった行動は、言語の認知システム、およびそれが生み出す言語能
力の表れであり、それを通して言語における人間の心の仕組みを探究すると
いう点は多くの言語理論に共通している。このような点で、言語研究は認知
システムの探究を必要とするのであり、それがどのように応用分野に対して
貢献をもつかとは異なる目的および方法論を必要とする研究領域であるとみ
なすことができる。

　認知科学として言語にアプローチする場合、対象が L2 になっても当然そ
れは変わらない。L2 学習者が入力から直接は得られないような体系的な発
話エラーを見せることがあることを考えれば、L2 学習者がもつ言語知識は
入力情報に基づきながらなんらかの内的プロセスを経て構築されたシステム
であると考えられる。このとき L2 学習者が見せるエラーを例えば母語の転
移（L1 transfer）の観点から説明しようと試みるとすれば、それはすなわち
母語の知識体系と中間言語の知識体系との相互作用に関する主張であり、な
んらかの内的システムを無視してインプットとアウトプットを直接的に対応
付けようとする説明をすることはできない。さらに、L2 学習の発達的変化
は、様々な要因の影響による内的システムの変容でもあるので、それを対象
とした研究は必然的に認知システムの観点からの説明も必要とする。した
がって、例えば発達順序（developmental sequence/order of acquisition）のよう
な概念は、発達的変化によって生じた観察可能なデータの一般化であって、
それ自体が説明されるべき事項でもある。なお、観察可能なデータの一般化
がなぜそれだけでは言語システムの解明につながらないのか、そして代わり
にどのような方法論が必要とされるのかについては、第 2 章で詳細に論じ
る。

　L2 を対象とするこれまでの研究が、メカニズムに関わる十分な説明を提
供してきたかというと疑問が残る。次章で触れるように、L2 研究では、現
象を分類して概念を構成し、観察を増やすことでその概念を使った特定の事

象に対する予測の精度を増やしていくというアプローチが盛んに行われてきた。しかし、このようなアプローチは、研究目的によっては十分な力を発揮するものの、言語の認知メカニズムを科学的に解明しようとする方法としては不備が指摘される。第2章では、そのような不備を整理し、L2認知システム・メカニズムの解明には何が必要か考察していく。

4.　認知科学としての第二言語研究をどう進めていくか

　本章では、本書全体を通して論じる研究対象の範囲について説明し、なぜそのような視点が必要なのかという点について述べた。L2に関わる現象を対象にした研究は様々な関連領域にまたがる学際的分野であるが、本書が対象とするのはそのなかでもL2の理解・産出を司る言語システム、およびその習得・処理のメカニズムの解明を目的とした研究である。また言語システムの解明は、必ずしも言語使用に関わる複雑な現象上に生じる特定の事象を高い精度で予測できるようになることを保証するものではなく、さらに言語学習に対する適切な介入や教育的示唆に必ずしも直接的には結びつかないものであるという点に触れ、これらは相互参照的でありつつも別のアプローチが必要であることを述べた。

　上述の目的に準拠して、続く第2章では、従来のL2研究で「認知システム」やその習得・使用メカニズムがどう扱われてきたか、一部の典型的な研究領域・個別研究例を挙げながら説明する。そのうえで、それらの研究方略にはどのような認識論的・方法論的な問題点があるかを指摘し、その問題点はどのようにすれば克服されうるかを第3章で考察する。特に、これまでのL2研究で見られた現象の要約的一般化に基づく研究アプローチがなぜ認知システムの探究につながらないかを示し、その解決策として、アブダクションを用いた観察不可能な対象に接近する方法の一案を述べる。そして、L2研究に近年導入されつつある新たな認識論[1]がそれ以前のL2研究に対し

1　「存在論」と「認識論」は哲学を構成する部門である。前者は「何が存在するか」を探究し真理を問う分野であり、後者は「我々は物事をいかにして知りうるか」を探究し方法論や根拠を問う。また本分野ではしばしば、研究者が現象を捉える枠組みを指して認

て行った批判を継承しつつ、従来型の言語研究方略を批判的に発展させる必要性を論じる。

　第4章では、目に見えない認知システムに関わる理論構築方法のひとつとして、心理的実在性を重視し、言語知識を規則や原理によって明示的に定義することを目指してきた生成文法の理論を導入する。その際、L2においても言語の知識が単なるこれまでに経験した文の総体の記憶によるものではないことの証拠が示される。その後、生成文法に基づいて行われたL2研究に関する主要な理論を概観していく。この際、ただ先行研究の提示した理論・仮説を列挙するだけでなく、第2章で論じた問題点に準拠して、L2言語習得研究で示された諸理論を批判的に論じていく。これらの検討を通じて、直接的に観察不可能な認知システムの探究になぜ・どのような理論が必要なのか、言語理論を用いることでどのようなことが可能となるのかといった点に光を当てる。第4章では生成文法理論に基づくSLAを手放しに称賛するのではなく、このような理論に立脚した研究であっても陥る可能性のある問題はどのようなものか、翻って優れた理論が備えた条件はどのようなものかといった点にも示唆が与えられる。

　第5章では、心理言語学がヒトの言語能力の解明を試みる研究全体のなかでどのように位置づけられるかを論じたのち、言語理論と言語処理研究の接点がこれまでどのように論じられてきたか、主要な研究を踏まえながらその潮流を紹介する。そしてその歴史的変遷を踏まえたうえで、近年行われている言語処理研究の実例を見ていく。しばしば古典的な研究観に基づく研究であると批判の対象となる生成文法理論に基づくL2研究であるが（e.g., Ortega, 2009）、本書前半で提示される問題意識を得たうえでその理論体系・実証方法を見直すと、この分野が長く認知メカニズムの解明という目標を重視し、そのために必要なアプローチを整備してきたことが理解できるだろう。上述のように実験心理学的アプローチに則った言語研究は様々な言語理論に関わる分野で近年ますます重視されつつあるが、第5章で紹介する言語処理研究において探究されてきたメカニズムを解明するための様々な方法

　識論と呼ぶことも多い（cf., Ortega, 2012; 馬場・新多, 2016）。

論的検討と発展は、どのような言語理論に則ってL2研究を行う場合でも参考にできるものである。

　終章では、それまでの章で論じられてきたことを受け、L2研究における言語理論の役割を再考する。そして、どのようにすれば言語理論から検証可能な予測を生み出すことができ、またそれをどう解釈していくかといった点に焦点が当てられる。そしてこの視点が従来のL2研究のそれとどのように異なるのかが提示され、L2研究の今後の展望へとつながっていく。

　なお、第3章から第5章では、認知システムを探究する際に参照する言語理論の例として主に生成文法理論を用いているが、本書は、言語システム・メカニズム探究は生成文法理論によってのみ可能になると主張するものではない（実際、本書執筆者5人のうち2人は生成文法以外の言語理論を用いた説明を好む）。しかし、これらの研究からL2研究者が学ぶことが多くあるということは、本書を通じて理解いただけるはずである。本書が、分野を問わず多くのL2研究者の気づきを惹起するものになることを願っている。

読書案内

藤田耕司・西村義樹（編）（2016）『日英対照 文法と語彙への統合的アプローチ：生成文法・認知言語学と日本語学』開拓社

　生成文法と認知言語学は、それぞれ異なった理論的基盤を有し、言語の「認知システム」として仮定している範囲も異なる。本書はその異なる立場の研究者が各々の立場から言語現象を論じており、一言に言語理論といってもそこには多様な立場があることと、またどのように協力関係を築いていけるかが示唆されている。

篠原和子・宇野良子（編）（2021）『実験認知言語学の深化』ひつじ書房

　認知言語学の研究では、あまり実験的なアプローチはとられてこなかったが、近年その重要性が徐々に認識されつつある。本書は、認知言語学が対象とする広い研究分野で行われた実験研究を取り上げ、実験的に認知言語学を行う方法とこれからの展望を行っている。

英語教育と SLA と ISLA

　英語教育研究や英語教育学とよばれる学問がある。「英語教育」を冠した学会団体も国内には複数あり、主に高等教育機関の教員や、初等・中等教育機関の教員が所属している。そこでは英語教育に関する問題が盛んに議論されている。議論のなかで、理論的な基盤としてしばしば参照されるのは第二言語習得（Second Language Acquisition）研究である。第二言語習得研究とは、その名のとおり、"the study of how second languages are learned"（Gass et al., 2020: 3）である。しかしながら、この問いはしばしば「第二言語はどうすれば効率的に学習できるのか」や「第二言語はどのように指導されるべきか」といった問いと混同されてしまうこともある。このような問いを扱う研究は、Instructed Second Language Acquisition とよばれる（「教室内第二言語習得研究」のように訳されるようである）。しかし、Gass et al.（2020）の第1章の冒頭には次のような記述がある。

　One way to define the field of SLA is to state what it is not. Over the years, the study of SLA has become inextricably intertwined with language pedagogy...SLA is not about pedagogy, unless the pedagogy affects the course of acquisition...Although it may be the case that those who are interested in learning about how second languages are learned are ultimately interested in doing so for the light this knowledge sheds on the field of language teaching, this is not the only reason SLA is of interest, nor is it the major reason scholars in the field of SLA conduct their research（pp. 3–4）.

　筆者訳：SLA という分野を定義するひとつの方法は、それが何でないかを述べることです。長年にわたり、SLA の研究は言語教授法と密接に絡み合ってきました。（中略）教授法が習得の過程に影響を及ぼさない限り、SLA は教授法とは関係ありません。（中略）第二言語がどのように習得されるかを学ぶことに興味をもつ人々は、最終的にこの知識が言語教育の分野に

光を当てることに興味をもっているからこそ SLA を学んでいるのかもしれませんが、これは SLA が興味深い唯一の理由でもなければ、SLA の分野の研究者が研究を行う主な理由でもないでしょう。

　目の前の学習者のためにならなければ、あるいは今まさに学習者と対峙し奮闘している言語教師の役に立たなければ学問的な価値がない、そういった声は多くの支持を集めているように思う。日本においては英語教育学の一領域であった SLA がそうした圧力にさらされるなかで、「現場の役に立つ研究」を志向した面もあったかもしれない。しかしながら、少なくとも SLA という研究分野についていえば、研究の焦点はあくまで学習者であり、学習なのである。

　問題が少し複雑なのは、SLA 研究の第一人者である Rod Ellis が "SLA is the study of the change that takes place in the learners' L2 knowledge over time and of what brings about this change." 「SLA とは、時間の経過とともに起こる学習者の第二言語の知識の変化と、何がこの変化をもたらすのかについての研究である（筆者訳）」(R.Ellis, 2015: 7) と述べているからである。このように、Rod Ellis は SLA の定義に発達というキーワードを使う。発達や変化の研究とはつまり、ある学習者（集団）の通時的な知識やパフォーマンスの変化を調査することである。これ自体には必ずしもなんらかの指導的介入は含意されていない。しかしながら、発達・変化というキーワードは指導的介入研究との相性が良い。なぜなら、なんらかの指導を行い、その前後で学習者の知識やパフォーマンスを比較すればそこに何かしらの変化が起こる可能性が高いからである。

　さらに、SLA 研究者の多くは語学教師である（あるいは過去に語学教師であった）者が多いため、しばしば「そもそも第二言語はどうすれば効率的に学習できるのか」や「第二言語はどのように指導されるべきか」といった問いへの関心は高い。しかしながらその問いに答えようとする際に、SLA 研究者ならば「なぜある学習方法が効率的だったのか」、「その指導はどういうメカニズムで学習者の知識やパフォーマンスの変容をもたらしたのか」という視点も重要であることを忘れないようにしたい。第二言語習得のメカニズムは、未だに解明されていないことだらけだからである。

第 2 章

第二言語研究の抱える根本的問題

1. はじめに

　本章では、これまで行われてきた L2 研究を、その研究観の変遷に触れな
がら概観し、認知システム・メカニズムの解明を目指すうえで L2 研究が抱
える問題点を指摘する。そして、その問題点はいかにして克服されうるか
考察する。L2 研究では様々な研究観が導入され、それに伴って新たな研究
アプローチが多く提唱されてきた（これを epistemological diversity と呼ぶ：
例えば, Ortega, 2012 等）。L2 認知システムを解明しようとするのであれば、
新たに提唱された方法論にも同様に批判的な視座をもち、新たな研究観によ
り批判されてきた従来の方法論を批判的に発展させていくといった方法が検
討されるべきだということを本章で主張する。

2. 第二言語研究における「認知メカニズム」の扱い

　Ellis（2008: 6）は、L2 学習者の能力の記述と説明を通して、その背後にあ
る L2 知識を特徴づけることが SLA 研究の目的であると述べている。L2 習
得には（他の学問領域と同様）、論理的に説明するのが容易でない現象が溢
れている。SLA における多くの本質的な問いも、そのような現象の観察か

ら生まれたものである。例えば、以下のような問いが挙げられる。なぜ学習者は「間違える」のか。なぜL2の習得は第一言語（L1）と異なるのか。一方で、まったく異なっているように見えて、しばしば驚くほどの類似性を見せるのはなぜなのか。また、どのような指導をすればどのような知識が獲得できるのか。

　1950年代に興った認知革命以降、SLAもその流れを受け、L2学習時に、学習者の頭のなかでどのようなことが起こっているのかという点に研究者の関心が向かっていった。例えば、構造主義言語学と行動主義心理学に基づく研究が主流であった頃には、学習者の誤りは「規範からの逸脱」と考えられていたが、その後、学習者が見せる誤りは学習者特有の言語体系、すなわち中間言語（Interlanguage: Selinker, 1972）を反映したものとして捉えられるようになった。そして1970年代以降の研究は、中間言語のシステムとその発達的変化を探る研究に焦点が当てられるようになった。また1980年代から90年代にかけて、学習者がどのようなインプットを受け、どういったアウトプットをするのか、そしてその中間にある頭の中の出来事、すなわち認知メカニズムを明らかにしようとする試みが盛んになった（Gass, 1988）。学習者が受けるインプットに焦点を当てた研究はMichael Longが言語習得におけるやりとり（相互作用：interaction）を重視する流れに引き継がれ（Long, 1996）、その後Susan GassやAlison Mackeyなどの様々な研究者が追随した（例えば、Gass et al., 1998等）。

　こうした流れのなかで、認知的アプローチ（cognitive approach）とよばれる枠組みでの研究が隆盛し、多くの指導法に関わる研究も認知的アプローチの枠組みで行われていくこととなる。代表的なものが、Schmidt（1990）が提唱した気づき仮説（the Noticing Hypothesis）である。この仮説は学習者が意識的に処理したものが言語習得に寄与するという主張であり、学習者の認知的な言語処理システムに焦点をあてたものである。学習者が意味重視のコミュニケーションを行っている際に学習者の注意を言語の形式的側面に向けることを指すFocus on Formという概念（Long, 1991）も、気づき仮説という学習者の認知プロセスに言及した仮説に依拠している。Focus on Formという概念自体はその後修正フィードバック研究（例えば、Lyster & Ranta, 1997

等）やタスク遂行におけるプランニングの研究（例えば、Yuan & Ellis, 2003
等）、タスクの繰り返しの研究（例えば、Ahmadian, 2011 等）など、指導介
入の効果を検証する多くの研究につながっていった（Focus on Form のレ
ビューとしては Ellis, 2016 が詳しい）。このような流れは、Rod Ellis が 1990
年に Instructed Second Language Acquisition と題した著書を発表して以降、
実際の教室で起こる言語学習の説明に認知的アプローチを適用しようとする
試みが広まったこととも関係しているだろう。そして、こうした流れはのち
に、Instructed Second Language Acquisition（ISLA）とよばれる領域を形成す
ることとなった（例えば、Loewen, 2020; Loewen & Sato, 2018 等）。こうした
研究者たちは、他者との相互作用に着目しつつも、後述する社会的アプロー
チをとる研究者と対比され、認知－相互作用主義（cognitive-interactionist）
とよばれることが多い[1]。

　しかしながらその後、このような認知的アプローチは、学習者がおかれる
様々な環境的・社会的要因を考慮していないといった批判にさらされてい
くこととなり、特に 1990 年代半ばから 2000 年代頃に「社会的転回（social
turn; Block, 2003）」が叫ばれるようになった。言語の学習や使用を社会の中
に位置づけ、アイデンティティや社会階層、権力、イデオロギーなどもその
射程に含めることを社会的アプローチと呼ぶ。そのなかで提唱されてきたの
が、心理学者 Vygotsky の提唱する社会文化理論（socio-cultural theory）とよ
ばれる枠組みを援用した SLA 研究（例えば、Lantolf & Thorne, 2006 等）や、
複雑系理論（complex systems theory）に基づく研究（例えば、Larsen-Freeman
& Cameron, 2008 等）などである。前者の社会文化理論に基づく SLA 研究で
は、人間の認知的発達は社会的に規定されており、言語を媒介にして環境に
能動的に適応していく過程のなかで起こるという主張がなされている。つま
りここでは、L2 の発達を社会的・文化的要因と切り離して論じることはで
きないと考えられている。

　後者の複雑系理論に基づく SLA 研究は、複雑系である言語システムは外

1　Ortega（2012: 207）は第 4 章で紹介されるようなアプローチの先駆者的存在で言語学ベー
　スの研究者である Lydia White を "formal linguistic"、Rod Ellis を "cognitive-interactionist"
　と呼んで対比させている。

部に開かれたシステムであると考える。外部に開かれたシステムとは、システムを取り巻く環境とシステムが相互に作用しあうことを指す。そしてシステムに含まれるすべての要因は相互に影響し合い、さらにシステム外のエージェントとも影響し合うと考える（Larsen-Freeman & Cameron, 2008; 馬場・新多, 2016）。また、システムを構成する要素の相互作用から、システム全体の複雑な性質が現れること（創発）を強調する。このような階層構造を成すシステムにおいて、上位構造は下位構造の相互作用から出現するが、階層間にも相互作用があるため、上位構造の振る舞いは下位構造に還元されないとする。つまり、表層的なレベルの現象を構成する個々の要素だけを観察しても、その基となる下位構造の性質を明らかにすることができないということである。このような研究観に基づき、複雑系理論に基づく SLA 研究は、従来の認知主義に内包されている要素還元主義（reductionism）的な研究観や、L2 学習の線的（linear）な発達観[2]を批判した。

　このような背景から、徐々に、SLA を純粋な認知メカニズムの探究であるとする立場はもはやメインストリームとは呼べなくなってきている。SLA が探究すべき課題を押し広げる動きは "transdisciplinary framework" という旗印のもとに、2016 年に *Modern Language Journal*（MLJ）に掲載された The Douglas Fir Group（The DFG）の論文によってより一層推し進められようとしてきている（The DFG, 2016）。むしろ、現代の SLA 研究は認知メカニズムによって説明される対象を縮小するような方向に進んでいるとも言えるだろう[3]。こうした流れは前述の The DFG の流れを引き継いだ 2019 年の MLJ の特集号 "SLA Across Disciplinary Borders: New Perspectives, Critical Questions, and Research Possibilities" にも現れている。

　確かに、L2 の習得や L2 の使用といった極めて複雑な現象を、より小さ

2　線形とは、発達に関わるなんらかの指標が直線的に変化していくことを意味する。線形の反意語は非線形（non-linear）である。非線形の典型は、最初に高い正用率を示した後に正用率が低下し、一定期間ののちに再び正用率が上昇するような U 字型発達であるが、このような視覚的になんらかの「傾向」が見いだせないものも非線形とよばれる。

3　Dwight Atkinson が 2011 年に出版した *Alternative Approaches to Second Language Acquisition* という書籍は、まさに認知的アプローチに対してのアンチテーゼであるといってもいいだろう。

い単位の要素に分析し、その個々の振る舞いを理解することの集積をもって包括的に予測することは極めて困難であり、そのことは経験的事実からも明らかになってきている。こういった認知主義への批判を真摯に受け止めるとするならば、L2 の言語使用を可能としている認知システムや、その習得・処理メカニズムの理解から、L2 の言語使用という極めて複雑な現象に立ち現れる個々の事象を余すことなく予測するという目標は諦めなければならない。しかしそれは、認知システムの理解自体を諦める必要があるということを必ずしも意味しない。例えば、前述の 2019 年の MLJ の特集号に掲載された論文で Nick Ellis は、人間の認知機能が外界に開かれているという立場に一定の理解を示しつつ、それは学習者の中に表象を仮定しなくてよいということを意味しないと主張し、心的表象（mental representation）を一切排除するような非表象主義（anti-representationalism）的な考え方は行き過ぎであると批難した（N. Ellis, 2019: 43）。また、社会的転回を行うことは言語的構造を排除することにはならず、transdisciplinary という The DFG の旗印と言語学的に SLA を探究することは矛盾しないとも述べている（同, p. 50）。

　次節からは、代表的な認知的アプローチの SLA 研究を例示しながらその方法論的側面を批判的に考察し、認知システム・メカニズムの解明を目指す研究にはどのようなアプローチが必要なのかを探りたい。そして、これまでの認知主義的な研究方略に対する否定的な見方にどのように対峙し、そして乗り越えていけるのかについて考察する第 3 章につなげる。

3.　代表的な研究例

3.1　言語知識

　SLA 研究で提案されてきた構成概念は多数あり、その多くは能力や知識をいくつかのカテゴリーに分類し、現象をその分類に当てはめて「説明」するというアプローチをとることが多い。文法知識に関して、L2 研究者はその知識のタイプをしばしば二分法的に扱う。代表的には暗示的知識と明示的

知識（implicit/explicit knowledge）である[4]。Ellis（2005）は、明示的・暗示的知識を表1の7つの観点から特徴づけた。

　暗示的知識の列に並んだ特徴を縦に眺めれば、こうした言語知識が母語話者の日常的な言語運用を支えているものであることがわかるだろう。SLA研究では、母語話者のもっている知識を暗示的知識であるとし、第二言語の習得の根幹は暗示的知識（またはそれと非常に似た特徴づけのされる知識）の習得であると考えている研究者も多い（例えば、N. Ellis, 2005; Jiang 2007等）。そして、学習者が母語話者の域に達することができないのは、学習者の言語使用は主に明示的知識に依っているからであると説明する。

表1.　暗示的知識と明示的知識の特徴. Ellis（2005: 151）より引用

特性	暗示的知識	明示的知識
アウェアネス	直観的	意識的
知識のタイプ	手続き的	宣言的
体系性	可変的かつ体系的	変則的で一貫性を欠く
知識へのアクセス	自動的処理	統制的処理
L2知識の使用	流暢なパフォーマンス時にアクセス	計画困難時の知識へのアクセス
自己報告可能性	言語化不可能	言語化可能
学習可能性	臨界期内のみ	何歳でも習得可能

　このように、学習者の知識が二つに分かれるという考えは、SLA研究で有名なモニターモデルという考え方で言語習得の諸側面を説明しようとしたKrashenの「学習と習得（learning and acquisition）」という考え方にも見てとれる（Krashen, 1981）。同時期に "A theoretical model of second language learning" という論文を発表したEllen Bialystokも、そのモデルのなかで "Explicit Linguistic Knowledge" と "Implicit Linguistic Knowledge" という二つの言語知識を仮定している（Bialystok, 1978）。こうした二つの文法知識源

4　この他にも、宣言的・手続き的知識（または宣言的・手続き的記憶）（DeKeyser 2020; Ullman, 2020）や、統合的・非統合的知識（Jiang, 2007）など、様々な用語や微妙に異なる定義が用いられているが、ここでは最も研究の蓄積が多く、なおかつその方略に問題が多い明示的・暗示的知識にのみ焦点をあてる。

を仮定するという発想の根底には、次のような一般的に観測されうる事実が
ある。

(1) 同じような言語経験をしているにもかかわらず、言語習得に成功する
　　学習者とそうでない学習者がいること（学習者個人間のばらつきの説
　　明）
(2) ある特定の学習者にとって、言語使用のスキルのある側面は別の側面
　　よりも容易に習得されること（学習者個人内のばらつきの説明）

　このとき、Bialystok 自身は、こうした知識はあくまで仮想的な概念
（hypothetical constructs）であり、神経科学的な物理的な機構として仮定して
いるわけではないと述べている（Bialystok, 1978: 72）。さらに、こうした二
つの知識源は、そこに保持される内容ではなく、機能という観点から定義づ
けされると述べていることも重要である。つまり、（少なくともこの時点で
は）この二種類の知識は、知識の内容や心的状態ではなく、その知識がどの
ように言語使用で用いられるのかが重要であると考えられていたのである。
このことが、のちに文法知識の測定具開発とその妥当性検証という研究（例
えば、Ellis et al., 2009; Gutiérrez, 2013; Suzuki, 2017; Vafaee, et. al., 2017 等）
へとつながっていったと筆者らは考えている。
　明示的知識・暗示的知識という二種類の文法知識を学習者はもってい
ると仮定し、その二つの知識を測定仕分ける試みとして先駆的なものは、
Bialystok（1979）である。Bialystok は、提示される文が文法的に正しいか
否かを尋ねる文法性判断課題（Grammatical Judgement Task, GJT）において、
最初に作動するのは暗示的知識であり、非文法的であると判断された場合
にその分析に使われるのが明示的知識であるという仮説を立てた。そして、
GJT に時間制限を課すことによって明示的知識による再分析を妨げること
ができる可能性を示唆した。このような前提は後に Ellis（2005）によって
も受け継がれ、時間制限のある GJT と時間制限のない GJT が別々の知識を
測っているという認識はその後も多くの研究で適用されてきている（時間制
限の設定方法に関する考察は草薙, 2013 が詳しい）。Ellis は、文法性判断課

題に時間制限をかけるだけでなく、上記表 1 の特徴づけをもとにして、明示的知識と暗示的知識を測定するテストバッテリー（複数のテストをまとめたもの）の作成を試みた。そこで用いられたのは次の 5 つのテストである。

1. 模倣課題（Imitation Test）：文法的・非文法的な文を聴き、賛成か反対かの意見を述べた後に、聴いた文を正しく目標言語を用いて口頭で繰り返す課題。

2. 口頭ナレーション課題（Oral Narrative Test）：物語を 2 回読み、その後口頭で 3 分以内に物語を再話する課題。

3. 時間制限付き文法性判断課題（Timed GJT）：17 の文法項目を対象に作られた文法性判断課題。母語話者のそれぞれの刺激文に対する反応時間をもとに、そこに 20% の時間を加えた時間を制限時間とした。

4. 時間制限なし文法性判断課題（Untimed GJT）：時間制限のない文法性判断課題。文法性判断ののちに、判断に対する確信度を 0 ～ 100% で報告、そして判断が規則に基づいていたのかあるいは直観に基づいていたのかを報告することが求められた。

5. メタ言語的知識課題（Metalinguistic Knowledge Test）：Part 1 では非文法的な文が提示され、その文に含まれる誤りを説明するものを選択肢から選ぶことが求められた。Part 2 では、短いテキストを読み、その中から前置詞や不定詞などの文法項目の例を探すことが求められた。Part 3 で、いくつかの文の中から指定された文法を特定することが求められた。

　これらの 5 つの課題を (a) 意識の程度、(b) 利用可能な時間、(c) 注意の焦点、(d) メタ言語的知識の関与、という明示的知識と暗示的知識の弁別的特徴の 4 つの観点から見ると次の表 2 のようになる。

表2. 各測定具と弁別的特徴の関係. Ellis (2005: 157) より引用

基準	模倣課題	口頭ナレーション課題	時間制限付き文法性判断課題	時間制限なし文法性判断課題	メタ言語テスト
意識の程度	直観	直観	直観	規則	規則
利用可能な時間	限定的	限定的	限定的	余裕あり	余裕あり
注意の焦点	意味	意味	形式	形式	形式
メタ言語的知識の使用	なし	なし	なし	あり	あり

　例えば、口頭ナレーション課題は直観に基づいた知識を使うはずであり、即興的なパフォーマンスが求められるので時間の制約が働くはずである。さらに、物語を再話する課題なので形式よりも意味に焦点が向き、そしてメタ言語的知識は使われないだろうという予測である。このようなことから、模倣課題や口頭ナレーション課題は暗示的知識を測定しており、一方で時間制限のない文法性判断課題やメタ言語的知識課題は明示的知識を主に測定する課題であるというように想定される。実際に因子分析の結果として上記1〜3が一つの因子にまとまり、4と5がもう一つの因子にまとまるという結果が得られたと Ellis は報告し、前者の因子を暗示的知識、後者を明示的知識と名付けたのである。

　この Ellis の研究はその後、主に次の3つの点から批判的に検討されてきている。

（1）因子分析の妥当性（Isemonger, 2007）
（2）個々の測定具の妥当性（Gutiérrez, 2013）
（3）想定する因子の妥当性（Suzuki, 2017）

　（1）の観点は、Ellis の用いた探索的因子分析は不適切であるというものである。研究の目的にかんがみて分析の前の段階ですでに二因子構造が仮定されていたのであるから、二因子構造を指定した確証的因子分析を行うべきであったと Isemonger（2007）は批判した。また（2）の観点から、文法性判断課題において文法文に対する反応が暗示的知識を反映しており、一方で非文法文に対する反応は明示的知識を反映している可能性も指摘されている

(Gutiérrez, 2013)[5]。さらに (3) の観点から、模倣課題が "本当に" 暗示的知識の測定具であるのか、明示的知識も利用されているのではないかという指摘もある (Suzuki & DeKeyser, 2015)。特に高熟達度の学習者であれば、即興的なスピーキング時においても明示的知識を高速化させて利用することが可能なためである。従来からスピーキングは主に暗示的知識によって行われていると考えられていたが、近年は反応時間を計測する自己ペース読み課題やワードモニタリング課題、そして視線計測装置を用いた実験などの心理言語学的な課題が暗示的知識の測定具としてより適しているという見方が強まっている (Suzuki, 2017; Vafaee, Suzuki, & Kachisnke, 2016)。

3.2　言語産出

　上述のように、L2 研究というコンテクストにおいては、言語知識の測定は、その知識がどのように言語使用で用いられるのかという観点から検討されてきた。そのため、L2 研究ではしばしば言語習得研究と言語処理研究のインターフェイスが明確ではない。一方で別のアプローチとして、L2 研究者は、L2 学習者によるスピーキングやライティングといった産出のパフォーマンスを観察し、様々な方法で産出の諸側面を概念化・数値化 (操作化)[6] することを試みてきた。このような手順に沿って、L2 研究者は L2 パフォーマンスを評価するだけでなく、その L2 パフォーマンスを支える認知プロセスを解明しようとしてきた (例えば、Housen & Kuiken, 2009; Robinson, 2011; Skehan, 2014 等)。本節では、これまで L2 のパフォーマンスがどのように分析され、その背後にある認知プロセスの解析がどのように

5　この解釈の根拠として、Gutiérrez は (1) 因子分析において、時間制限あり・なしのどちらの課題でも非文法文に対する反応がメタ言語的知識課題のスコアと同じ因子にまとまったこと、(2) メタ言語的知識課題スコアと相関がより高い傾向にあったのは時間制限のないテストのスコアではなく時間制限あり・なしの両方の課題における非文法文への反応であったこと、(3) 暗示的知識は Ellis (2005) の定義に従えばより安定しているため、分散が小さいことが想定され、文法文と非文法文の反応における分散を比較すれば前者の分散のほうが小さいことから文法文に対する反応が暗示的知識を反映していること、の 3 点を挙げている。

6　ある概念を定量的に測定可能な変数として定義し、現象を数値に置き換える手続きを「操作化 (operationalization)」と呼ぶ。

試みられてきたのかを簡単に紹介したい。

複雑さ・正確さ・流暢さ（CAF）

　L2 のパフォーマンスを対象とした研究においては、L2 産出を複雑さ（Complexity）・正確さ（Accuracy）・流暢さ（Fluency）の三側面から測定する方法が広く用いられている。Skehan（1998 など）はこれら 3 つの側面を「CAF」と呼び、L2 習熟度の測定モデルを提案した。複雑さという概念は、言語学習者が与えられた目標言語で統語的に複雑な構文や語彙を広く多様に利用する、あるいはそうした構文や語彙を生成する能力の反映として特徴づけられる。正確さは、L2 学習者のパフォーマンスが、文法的・語彙的に母語話者のパフォーマンスからどの程度逸脱しているかを意味し、また流暢さは、長い休止やためらいがなく、母語話者のような速さと滑らかさをもった L2 言語使用が可能かといった観点から定義される（Housen & Kuiken, 2009; Kuiken & Vedder, 2012; Pallotti, 2015; Skehan, 1998; Wolfe-Quintero, Inagaki, & Kim, 1998）。これら三つの側面は独立していて、流暢に話せるからと言って正確な発話だとは限らないし、正確な発話ができるからといって、発話された文が複雑であるとは限らない。CAF は、一般にそれらに対応する「能力」の観点から定義され、測定が行われる（Pallotti, 2009; Skehan, 2009）。この言語産出の三側面が提唱されて以来、どういった要因が L2 パフォーマンスに影響するか（Robinson, 2011; Skehan & Foster, 1997, 2005）、L2 パフォーマンスは L2 言語発達においてどういった軌跡を辿るか（Larsen-Freeman, 2006; Vercellotti, 2017）といった問いが研究者の関心を集めてきた。

　またこれらの側面は、目に見えない能力の一側面を捉えた構成概念だとすれば、それを直接観察することはできず、分析等はできない。しかしながら、CAF が様々な発話指標に現れると考えれば、それらの発話指標を検討することによって、間接的に CAF の三側面が観察可能になり、分析ができるようになる。例えば正確さは、特定の単位の発話の中にどの程度の誤りが含まれるかによって計量化される。複雑さは、特定の単位（例えば文や節）の中にいくつのより小さい単位（節や語など）が含まれているかなどによって計量化され、流暢さは、特定の時間のなかでいくつの単語を発するか、言

い淀みがどの程度含まれていないかなどによって計量化される。

　また産出パフォーマンスの背後にある認知過程に関心のある研究者は、これらの計量化された指標と認知過程の間の関連性をしばしば仮定している。例えば L2 パフォーマンスにおける複雑さ、正確さ、流暢さ（CAF）の変化を通じて、複雑さや正確さは学習者がより言語の形式的側面に注目しているときに向上すると仮定する（例：Robinson, 2011; Skehan, 1998 など）。また、CAF に関連するパフォーマンス指標やそのほかのプロセス（例：文中のポーズの位置や自己修復）が、L2 産出における特定の認知処理段階（例えば次節で述べる、概念化・定式化・モニタリングのプロセスなど）に対応すると仮定する研究者もいる（例：Lambert, Kormos, & Minn, 2017; Skehan, 2014 など）。この種の研究は、L2 における言語産出を分析し、産出時の認知メカニズムの性質を調べることを目的としている。

概念化・形式化・音声化

　言語学者 Levelt は、先行研究の現象や実証実験を総括する形で、言語の発話は、概念化・形式化・音声化のプロセスを辿ると結論づけた（Levelt, 1989）。まず人間は何をどう伝えるかといった言語化される前のメッセージの概念化を行う。ここで概念化された前言語的メッセージは、形式化の器官に送られ、そこで語彙の選択や、発話の統語的形成が行われる。最後に、音声器官を通じて言葉が発声される。それぞれのプロセスのなかで、発話者は常にその内容をモニタリングしており、モニタリングの結果として問題が検知されるごとに適宜概念化から産出プロセスをやり直すとしている。

　L2 研究者はしばしばこれらのモデルを用いて、L1 と L2 の異なりや、L2 の発達過程を説明しようとする。例えば Lambert, Kormos, and Minn（2017）は、節外・節中のポーズの頻度、発話中の言い直し（self-repair）などが、Levelt のスピーチモデルにおける概念化、形式化、モニタリングのプロセスに関連していると仮定し、学習者がタスクを繰り返すとどのようなプロセスが自動化していくかという検討を行っている。すなわち、節の外で起こるポーズは概念化のプロセスを、節のなかで起こるポーズは形式化のプロセスを、そして言い直しはモニタリングのプロセスを反映しているとして、それ

ぞれのプロセスの自動化にはどれくらいの課題の繰り返しが必要かということを、分析結果から示唆している。

また同様に Skehan（2014）は、タスク前に準備を行うことやタスク反復など、タスクを遂行する際の要因で生じる CAF の変化を、Levelt のスピーチモデルを参照しながら説明している。詳しい説明はここでは扱わないが、特定の方法を用いることで、L2 の発話プロセスにかかる負荷の一部を緩和することができ、その結果として発話が複雑になったり、正確になったり、流暢になったりすると説明しており、このことは言語指導に示唆的であると述べている。

これまでの L2 研究方略

ここまで「言語知識」と「言語使用」に関して L2 研究に代表的な議論を見てきた。そのなかで明らかになった当研究分野の手順は以下のようにまとめられるだろう。まず研究者は現象を観察し、それがどのように分類できるかを考え、また多くの場合、その分類された現象の背後には対応するなんらかの抽象的な概念があると仮定する。そしてその概念が影響を及ぼすであろう行動（テストの項目への反応やパフォーマンスの指標など）を数値的なデータとして検討するという操作化を行う。またその概念を用いた実験を数多く行い観察を増やすことで、L2 研究者は構成概念が行動を予測する度合い、ないしは構成概念を念頭に置いた指導などの介入効果の予測精度を高めようとする。構成概念そのものの妥当性を検討する際には、相関行列の検討や因子分析によって構成概念妥当性が検討されたり（Cronbach & Meehl, 1955; Messick, 1989）、外的基準との相関を見ることで基準関連妥当性が検討されたりする（Kane, 2006）。このような手順は Markus and Borsboom（2013）らにより「相関に基づく議論（correlational account）」とよばれる。

教育的文脈における言語テストの研究は、概ねこの相関に基づく議論によってなされている。テストによって測定しようとする概念は、直感的に把握することが困難な心的実在（psychological entity）よりも、社会生活において直感的に把握されうる「能力」である場合が多い。この文脈において構成概念を考えることの社会的意義や、こういった方法で特定の事象や行動に対

する予測の精度を上げることによってもたらされる指導介入への教育的示唆の重要性を否定する意図は本稿にない[7]。しかしながら第1章で述べたように、L2習得・処理に関する認知システムとメカニズムの説明という観点からは、このようなアプローチは必ずしもその目的に対して理想的であるとは言えない。以下、これまで心理学分野で提起されてきた問題点や科学哲学的議論を参照しながら、これら従来のアプローチにどのような問題点が考えられるかを述べていく。

4. これまでのL2研究方略とその問題点

4.1 アリストテレス的研究方略とガリレオ的研究方略

　Lewin（1931）は、物理学の研究パラダイムを概観し、研究分野はその成熟に伴い彼の言うところの「アリストテレス的（Alistotelian）」研究方略から「ガリレオ的（Galileian）」研究方略に移行すると主張した。ここでのアリストテレス的研究方略とは、観察結果を理論的に定義されたカテゴリーに分類することでそれらを説明したとみなすというものである。それに対しガリレオ的研究方略は、日常言語によってカテゴリーを取り出しそれを複数の下位要素（subcomponent）に分類するのではなく、その背後にある基本メカニズムを使いできるだけ多くの観察結果を説明しようとする。例えばアリストテレス的研究方略を用いると、日常生活の観察から、星の軌道、石の自由落下、振り子の往復運動、心理学的概念でいえば「正常な行動」と「病的な行動」といった様々な現象の分類が可能であり、このように世界で繰り返し起こる事象は法則的な事象として概念化される。そして、そのカテゴリーを新しい観察に割り当て、トップダウン的に新たな観察を説明するというものである。一方、ガリレオ的研究方略に従えば、これは**分類**にとどまるものであってそこに働く因果法則の**説明**ではない。ガリレオ的研究方略下で行われた研究では、このような観察された事象を分類すればまったく異なると認識される物理現象（星の軌道、石の自由落下、振り子の往復運動）は、同じ

7　本稿では深く立ち入らないが、能力を計量的に測定することによって生じる問題に関しては、鈴木（2022）や寺沢（2009）が批判的に論じている。

法則の異なる表れだと理解され、「正常な行動」と「病的な行動」といった
まったく反対の分類さえも、同じメカニズムから生じた違う現象である可能
性を示す。このようにアリストテレス的研究方略は、観察された現象の分類
のみならず、その観察の背後にある特定のメカニズムを解明することを目指
す。

　これらの研究方略の違いを参照し、Hommel（2020）は、過去の心理学的・
認知的脳科学によってもたらされてきた「メカニズムの説明」は、調査対象
の現象をカテゴリーに分類し、現象が起こりやすい条件を特定し、その現象
と相関のある神経活動を特定するにとどまるものであると指摘した。この方
略は実際の自然法則を観察のカテゴリーと同一視している（Cummins, 2010）
にすぎず、このことから Hommel は、過去の心理学・認知脳科学研究はガ
リレオ的研究方略の枠を超えず、発展の初期段階にあると評価している。ま
た、アリストテレス的な研究方略は科学分野の初期段階ではよく見られるア
プローチであるが、それのみでは人間の認知を理解するという目的から外れ
たものとなってしまい、メカニズムに関する洞察は得られないとする。な
ぜなら、「分類」された特徴は、認知能力の根底にある法則的なプロセスと
の関係を論理的に保証しないからである。関連して、van Rooji and Baggio
（2020）は、心理学研究はこのような「効果」の記述を重視するが、効果は
説明の対象（explananda）であり説明それ自体（explanation）とはならないこ
とから、この「効果」の記述の集積からは認知システムは解明されないと述
べている。彼らは、心理学研究者は、その説明対象となる学習・言語・知
覚・概念生成・意思決定・問題解決・推論などの理論を構築するにあたっ
て、頑健で再現可能な「効果」を収集することによって理論を構築するため
の経験的基盤が築かれることを期待しているが、それらを説明する理論的な
枠組みをもたない状態で集めた「効果」の記述を積み重ねることは、理論構
築という目的に対して無意味であると述べている。

4.2　傾性概念と理論的概念

　こういった研究方略に関わる問題と深く関連して、渡邊・佐藤（1991
など）は、論理実証主義の哲学者である Carnap（1956 など）の「傾性概念

(disposition concept)」と「理論的概念(theoretical concept)[8]」という分類を援用して心理学研究を批判的に検討している。ここでの傾性概念 (disposition concept) とは、特定の状況下で観察された行動パターンを抽象的に記述しラベルづけした概念であり、概念の意味内容は完全に観察に還元される。Ryle (1949) が述べているように、人の行動に関わるこの種の素朴な構成概念は本質的に傾性概念である。また行動パターンの還元的・抽象的な要約に対するラベルであるという特性上、傾性概念は観察された行動パターンの原因がどこにあるかについての情報をもたない。したがってパターンの原因は、内的要因や状況要因によるかもしれないが、本質的にはそれがどこにあるかを示してはいない。

　それに対し理論的概念は、観察された行動パターンを規定する内的過程など、外的な状況要因とは独立した理論的実態と対応しており、観察された行動パターンの原因についての情報を含むものである。当然、特定の概念が理論的概念だと示すには、状況要因からの独立性を保証する理論的・実証的裏付けが必要となる。つまり、傾性概念は単に抽象度が高ければ理論的概念になるというものではない。また傾性概念は素朴に認知される(つまり、「直感的にもっともらしい」といったことから概念が状況要因から独立して存在しているとみなす) ことで行動傾向の前提となる外的条件を捨象してしまい、記述された規則性のみが強調されてしまう危険性もある (渡邊・佐藤, 1991)。

　渡邊 (2010) は心理学における「性格」という概念がまさに傾性概念であることを指摘した。そのうえで、性格心理学という分野が性格概念をどのように用いていくべきなのかについて、4つのアプローチがあり得ると述べている。

(1) 行動主義アプローチ
(2) 理論的構成概念アプローチ
(3) 相互作用論アプローチ

8　本書は theoretical concept の訳として「理論的概念」を採用しているが、渡邊・佐藤 (1991) や、のちに示す渡邊 (2010) では「理論的構成概念」と訳されている。

（4）個性記述アプローチ

　（1）は性格という構成概念を使用せず、あくまで観察可能な状況要因を分析することによって行動の説明や予測を目指すアプローチである。ただし、これでは心的概念を扱うことを放棄することになり、心理学は心的概念を扱うという前提を失うことになる。それは性格心理学という営みを事実上諦めることを意味する。より現実的なアプローチが（2）から（4）である。（2）の理論的構成概念アプローチでは、性格概念のなかで理論的概念たり得るもののみを扱い、状況依存的な現象を超えた予測や原因論的な説明を試みるものである。このアプローチは、生物学的・生理学的な手段で観測が可能なものと結びつく性格概念を規定することで、概念が観察に還元されることを防ぐ。（3）は渡邊によれば一貫性論争 [9] 後に生まれた性格研究の代表である。相互作用論のアプローチでは、性格は理論的概念ではなく傾性概念であると認めたうえで、その傾性概念が人と状況の相互作用の結果として生まれると考える。どのような人の要因と状況の要因があり、そこからどのような相互作用が生まれるのかを網羅的に調査していくことにより、その相互作用の結果浮かび上がる行動的特徴になんらかの一貫性が見つかることがあるかもしれない。このように、本来は状況に依存しないものであると考えられていた性格という概念を、状況依存的なものとして取り扱いつつ、相互作用の中に見られうる首尾一貫性に着目する。このアプローチではあくまで性格を傾性概念として扱うこととなるため、発見された首尾一貫性の原因論的説明として性格という概念を用いることや、なんらかの性格という心的概念が実在することを仮定するわけではないという点には注意が必要である。最後の（4）個性記述アプローチはいわゆる質的に個人の性格というものを捉えるアプローチである。このアプローチは性格概念を用いてなにかの予測を行ったり、別の事象の原因として性格概念を扱ったりするのではなく、むしろ特定の個人の理解に焦点をあてた研究であるといえる。

9　性格というのは基本的に状況依存的ではなく、いかなる状況でも一貫性をもっていることが理論的に想定される。この前提が担保されないのではないかという批判に端を発した論争のこと。詳しくは渡邊（2010）の第 3 章を参照のこと。

　以上の4つのなかで、(2) の理論的構成概念アプローチは、メカニズム志向の L2 研究にも道が残されている。例えば、近年では学習・言語処理の際に活性化する記憶システムと脳の神経基盤を結びつけようとすることで言語習得を明らかにしようとする脳科学的な習得研究も行われてきている (Morgan-Short et al., 2012; Suzuki et al., 2022)。本章 3.1 節でも言及した明示的・暗示的知識という構成概念も、仮にこうした脳科学的なアプローチで捉えることが可能になれば、理論的概念として扱える可能性はある[10]。また、(3) の相互作用論的なアプローチは特に実践的な介入の効果を志向する L2 研究が暗黙的に採用しているものであると言うこともできるかもしれない。

　傾性概念は、観察情報を縮約することで情報の伝達を容易にし、先行条件が同一である限り行動の「予測」が可能であるという利点をもつ。このことから、社会的要請に従ってヒトの能力を数値化し、序列化するという目的は傾性概念である程度充足することができる（その賛否は本書の射程ではない）。渡邊・佐藤 (1991) も、「この木が燃えるのは、その可燃性が原因だ」という説明はトートロジーであることを指摘しつつも、「この木は可燃性をもつから、火をつけたら燃えるだろう」という理解は、前提条件が大きく変化しない限り予測力をもつという点で、有意味であることを認めている。

　一方で、認知システムとその習得・処理メカニズムの解明を目的とする認知科学的なアプローチに基づく L2 研究を志向するのであれば、傾性概念は観察された以上の情報を含まず、それゆえメカニズムの説明にも用いることはできないということは認識しなければならない点である。

4.3　概念と観察可能な反応の乖離[11]

　L2 研究で用いられる「概念」には、前節で少し触れたように測定に関

10　ただし、明示的知識・暗示的知識の場合は、主に後述する「相関に基づく議論」により規定されているような明示的・暗示的知識を再定義する必要がある、と筆者らは現在考えている。

11　この文脈での本書の「存在論的」、「因果的」、「認識論的」の用法は、Newton-Smith (1987, p. 72) の用法に準拠している。

　(1) 存在論的要素—科学の理論は真か偽かのいずれかである。そしてある理論がいずれであるかは、世界のあり方によって定まる。

わる方法論的問題もある。それは、素朴理論をもとに措定された概念の存在（測定される対象であり、直接観察することのできない**潜在変数** [latent variable]）と、その振る舞いが反映されているとする観察可能な反応（**観測変数** [observed variable] とよばれ、ここではテストや指標といった「測定具」がそれに相当する）との因果的関係性が示されることが稀だということである。潜在変数として示される概念の性質は、潜在変数と観測変数の因果的関係性に基づいて二種類に分類される。

　まず素朴理論から措定された概念は、基本的に測定に関する概念としては「**形成モデル**（formative model）」にあたる（Borsboom et al., 2009）。形成モデルとは、観測された変数の共通変動の合計が潜在変数を決定すると仮定するモデルである（Bollen & Lennox, 1991; Edwards & Bagozzi, 2000; Fornell & Bookstein, 1982）。つまりこのモデルにおいて潜在変数としての概念は、観察変数を要約して合成したものとして捉えられる。このような場合、観測変数と潜在変数の関係は図 2.1 のようになっている。つまり、観測変数から潜在変数へと因果関係が仮定される。このようなモデルとして捉えられる概念の典型的な例としては、収入や教育水準などによって概念化される社会経済的地位（socio-economic status）が挙げられる（Schmittmann et al., 2013）。形成モデルは観測された変数の合成スコアにすぎないため、現実にその背後にある要因の「存在」を保証するものではないことに留意する必要がある。つまり形成モデルは、我々の認識に基づいて現象を解釈しやすい形にまとめたものにすぎず、その背後に我々の認識できない何かが実在として存在しているというわけではない（少なくとも、実在を保証しない）。よって、前述のとおり、素朴な直感から指標値やテストを集めて、それがある特定の概念を測っているとする手法は、方法論的に形成モデルであるとみなすことができる。

　他方、これに相対するモデルとして「**反映モデル**（reflective model）」が

ある。反映モデルとは、観測された変数が潜在変数を反映する、あるいは顕在化するように、観測変数を潜在変数の関数としてモデル化するものである（Bollen & Lennox, 1991; Edwards & Bagozzi, 2000; Fornell & Bookstein, 1982）。つまり反映モデルは、形成モデルとは逆に、潜在変数から観測変数への因果関係を仮定するものである（図 2.2）。この種の潜在変数と観測変数の関係の典型的な例として、「うつ病」などが挙げられる。うつ病という構成概念は、各々の症状からうつ病に因果関係が仮定されているわけではなく、うつ病という構成概念が、「疲労・幻覚・不眠・興味喪失」などの症状を引き起こすという因果関係が仮定されている（Schmittmann et al., 2013）。直感に基づく形成モデルを、反映モデルとして解釈してしまうと、実在しないものを実在であるとしてしまうことや、措定された概念と測定に使用される反応に結びつきが保証されないことにつながる。これを防ぐには、潜在変数として仮定された心的実在が観察可能な反応に因果的に影響を及ぼしており、その逆ではないことをなんらかの方法で示す必要がある。

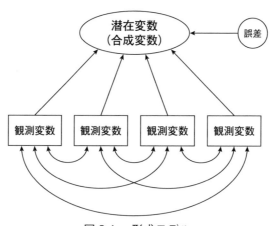

図 2.1.　形成モデル

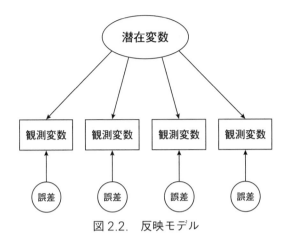

図 2.2.　反映モデル

　4.2 節の内容も踏まえ、形成モデルによって措定された傾性概念に関わる
例として、L2 研究の例を挙げよう。筆者らは、上述した CAF といった概念
は、その実証手続き上、多くの場合、研究者の「直感」に基づく形成モデル
であり、傾性概念であると考えている (Fukuta, Nishimura, & Tamura, 2022)。
CAF を対象とする多くの研究では、発話は正確さ・複雑さ・流暢さといっ
た三側面から捉えることができるといった前提がまず先行する。その後、そ
れらを測定していると考えられる指標値を集め、その相関関係を(相関行列、
因子分析、構造方程式モデリング等を使って)分析するといった手順を踏む。
この方法はその手続き上、学習者の行動がいくつかのパターンに分類できる
ということを示すにとどまっており、その観察以上の情報は含まれない。つ
まり、このような三側面が三つの異なった心的状態の反映であるなどと言っ
たことを主張することは論理上不可能である。しかし、このような仮定が行
われることはしばしばある。これは、この形成モデルを反映モデルかのよう
に扱うことによって生じる誤謬である。
　仮にこのような分析が、他分野の研究などで提唱されている人間の知識の
特徴などを踏まえて解釈されたものであるとしても、測定されたテスト項目
や指標値の反応にそういった認知プロセスや心的状態が反映されているかど
うかはこの手続きでは自明ではなく、少なくともそこには観察された以上の

情報が後付けで付加されているのである。そして、これらの概念を素朴に認知してしまう（観察と独立した実在物の反映であると仮定してしまう）と、実験で行われた行動傾向の前提となる外的条件（例えば、課題の行われた環境、課題自体の特性など）が捨象されることとなる。前述のとおり傾性概念はある一定の条件下で観察された行動パターンを抽象的化して記述するものであり、観察された行動パターンそのものにつけられたラベルにすぎない。よって、傾性概念そのものを記述された行動パターンの原因論的説明に使用すれば、トートロジーに陥ることとなる。

4.4　概念の無限生成と終わらない「効果」の記述

　前節で述べたように、形成モデルに基づいて概念生成が行われると、その概念は基本的に前述の傾性概念の特徴をもつ。このような概念を使った研究方略から生じうるさらなる潜在的な問題として、我々が素朴に知覚できる限りこの種の概念を無限に生み出せてしまうということが挙げられる。しかしながらこのような概念は、認知システム上に実在することが保証されたものではなく、認知バイアスの影響を受けた研究者の素朴な認識のなかでしか存在しない可能性を払拭することができない。このような特徴から、この種の概念に基づく研究は、直感的に把握できない認知システムの実在や、それが因果的にもつ法則であるメカニズムの探究という目的とは極めて相性が悪いと言わざるを得ない。また、そのように提案された概念間の関係を記述することで、様々な「効果」を報告することができる。しかしながら前述のとおり、効果は説明の対象（explananda）であり説明それ自体（explanation）とはならず、それらをさらに説明する理論的な枠組みをもたない状態で集めた「効果」の記述を積み重ねることによっては、L2システムに関する理論構築を行うことはできない。このことは上述した概念の分類（による提案）と、その概念間の関係の記述に基づくアリストテレス的研究方略の問題点として指摘したとおりであり、現在のL2研究では顕著に見られる傾向であるように思う。

　さらに、傾性概念の寄せ集めである「理論」は、生み出されやすいだけでなく、論理的には極めて棄却がされづらいと考えられる。なぜなら、傾性概

念はその性質上、概念の意味内容が観察に還元されるため、それまで観察されていなかった現象が実験などにより発見されたとしても、その意味内容が拡張していくだけになるからである。逆にこの種の仮説は、反証事例がいくつか見つかったところで、その仮説が説明力をもつ説明範囲（前提条件等）を調整することで容易に救い出すといったことが可能であり、実際にそのようなことは常時行われている。事実、SLA 黎明期に生まれたかなり多くの仮説が現在に至るまで棄却されず生き残り続けているということも、このことと関係があるように思われる。この点も、認知システムの探究を目指す研究が克服しなければならない点である。

このように、現在受け入れられている手続きでは、現象を分類することから始めて概念を提案し、それが直感的に人々の感じる素朴概念と合致したものでありさえすれば、理論上は無限に新たな「概念」を生み出すことができる。そして提案された「概念」同士の関係を記述することで、概念間にある関連性や「メカニズム」についての仮説のようなものが数多く提案できる。しかしそれは我々の考える実質的な L2 認知システムに迫るものにはならず、一方で棄却することが困難である。

5. おわりに

ここまで、従来の研究方略を様々な角度から検討し、その問題点を挙げてきた。上述の議論から考えられる問題点は概略以下のようにまとめられる。

(1) 繰り返し起こる行動を分類し、その分類に基づいて因子間の関係性や「影響」を記述的に列挙するだけでは、メカニズムの解明としては不十分である。「分類」された特徴と、それらの関連を記述することは、認知能力の根底にある法則的なプロセスの関係性をまったく保証しないからである。

(2) 原因論的「説明」に用いることのできる概念は、行動パターンを規定する、状況から独立した概念である。現象の素朴な認識に基づく分類による概念生成を行い、それを説明に使用してしまうと、トートロ

　　ジーに陥る。

(3) 直接的に観察不可能な概念が現象と独立して存在することを示すに
　　は、それが観察可能な反応に直接影響していることが示されなければ
　　ならない。素朴な認識によって仮定された構成概念は、それが著しく
　　直感に反しない限り、現実の行動（テストの反応など）に直接的に影
　　響を及ぼしていることが自明のように思えてしまう。しかしそれは
　　我々がもつナイーブな直感を反映しているにすぎないという可能性か
　　ら逃れられない。ある概念が存在し、それが因果的に反応を引き出し
　　ていると主張するなら、それを示す証拠が必要となる。

(4) このような「素朴な概念」は無限に生成することが可能であり、なお
　　かつ棄却されづらい。

　　認知システムの探究を行ううえでは、(1) ～ (4) の問題点を克服したうえ
で、現象の説明が可能な理論を構築し、明確で拘束力のあるリサーチパラダ
イムを構築することが必要となる。それに基づき、理論やモデルの評価がよ
り適切に行われる土壌を提供することが、L2 の認知システム探究の研究分
野には求められている。

読書案内

Duff, P. A., & Byrnes, H. (Eds). (2019). SLA across disciplinary borders: New perspectives, Critical questions, and research possibilities. [Special Issue]. *The Modern Language Journal*, 103 (S1).

　非常に多くの学際的課題が SLA という分野に取り込まれるなかで、今後の SLA という研究分野の方向性について異なる視点から理論的・概念的に論じた特集号。6 本の論文と 8 本の招待コメンタリーで構成されている。読者の方々が頻繁に論文を読んだり引用したりする研究者の執筆した論考や、関連する研究領域のキーワードが含まれる論考だけでも一読をおすすめしたい。

Fukuta, J., Nishimura, Y., & Tamura. Y. (2023). Pitfalls of production data analysis for investigating L2 cognitive mechanism: An ontological realism perspective. *Journal of Second Language Studies*, 6, 95–118. https://doi.org/10.1075/jsls.21013.fuk

　L2 学習者の認知メカニズムを研究する際、スピーキングやライティングなどの産出データから得られる言語的指標を用いることの問題点を指摘し、どのような認識論的・方法論的転換が L2 研究者に求められるのかを論じている。

渡邊芳之 (2010)『性格とはなんだったのか―心理学と日常概念』新曜社

　性格心理学を題材にしてその歴史を俯瞰し、傾性概念と理論的概念を導入することで分野の抱える問題点に切り込む。そこで展開される議論は性格心理学という一対象を超え、科学の概念と日常のことばの対応に迫り、科学とはどのようなものかといった広いテーマに及んでいく。

Widdowson, H. (2022). Webinar on the subject of English and applied linguistics. *Language Teaching*, 1–9. https://doi.org/10.1017/S0261444822000088

　応用言語学が抱える問題について Widdowson が行った講演に基づいた論

文。SLA が実践とどう関わりうるのかが論じられており、また学術的探究と現実の言語教育における課題解決とのズレについての Widdowson の見解も述べられている。

第 3 章

第二言語研究の抱える
問題点の解決法

1. はじめに

　第 2 章では、第二言語（L2）研究における研究方略を概観し、L2 研究が
どのようなものを対象とするかという点に関して述べたのち、L2 研究が克
服すべき問題点を述べた。これを受けて本章では、具体的にどのようにすれ
ばそれらの問題点が解決できるかについて論じる。

2. 認知システムの認識論的考察

　認知システムという直接的に観察不可能な対象にどのようにアプローチし
ていけば良いかということを考えるうえで、過去に関連した考察を行ってい
る科学哲学的な議論を参照したい。

2.1. Bhaskar の超越論的実在論と複雑系の科学

　我々の知識が認識に依存することを認めつつ、現象の背後にはそれを成り
立たせている構造やメカニズムが経験とは独立して存在しているという立場
に、Bhaskar（1975, 2010 など）の「超越論的実在論（transcendental realism）」

がある[1]。超越論的実在論は、現象の背後にある構造やメカニズムの実在世界と経験可能な現象が一対一で対応するという「経験的実在論」を批判するだけでなく、現実は観察者によって主観的に作り上げられたものであるとして客観的に存在するものを認めない「解釈主義者」との対立を止揚する試みのなかで生まれた実在論である。超越論的実在論によれば、世界はそこで起こっている現象や経験のみから成るのではなく、その根底には検出されるかどうかにかかわらず存在する構造、力、機構、傾向が、実際の出来事を支配したり促進したりすることによって構成されていると考える。このことについて、Lawson（1997）は例を挙げて以下のように述べている。

> 自転車は、その構成や構造によって移動を容易にする機能をもち、火薬は爆発を引き起こし、言語システムは発話行為を容易にする機能をもつ。このような力は、行使されるか否かにかかわらず存在する。自転車は常に物置の奥に眠っていたとしても乗りやすく、火薬は点火されなくても損害を与える力があり、言語システムは人々が話すことを選択しなくても会話を可能にする。（中略）そして、関連するメカニズムが発動されたときには、効果をもつこととなる。構造化されたものは因果的な力をもち、それが引き金となり、あるいは解放されて、世界の実際の現象を決定する生成的メカニズムとして作用するのである。
>
> （p. 21, 翻訳は筆者らによる）

　このような見方に立ったとき、我々はこの世界を成立させる実在には異なった階層の領域が存在することを認めなくてはならない。超越論的実在論は、「経験の領域」「アクチュアルな領域」「実在の領域」の3つの領域を区別する。経験の領域とは、人間が経験する事柄から成り立つ領域である。またアクチュアルな領域とは、人間が経験するか否かに関わらず現実世界で起こる出来事の領域を指し、実在の領域は、実際に起こる出来事を生み出す構造や法則（メカニズム）のある領域を指す。上述の自転車・火薬・言語シス

1　超越論的実在論は批判的実在論ともよばれ、その適用範囲は社会学の領域でも議論されているが、本書では、教室やより広い言語使用場面への適応はひとまず措くとして、現象の背景にある構造やメカニズムを探る方法に焦点を当てて議論する。

テムの例にあるとおり、実在の領域にあるメカニズムはアクチュアルな領域における事象の根源となるが、出来事を生まないこともあり、また実際に生じても観察や経験がなされないこともある。実際に経験されたものが経験の領域で生じるものである。これらの領域は相互に還元不可能（一対一の対応関係にない）であると考える。実在の領域はアクチュアルな領域を含み、さらにアクチュアルな領域は経験の領域を含むという包含関係を成している（図3.1）。この包含関係を言い換えるならば、世界を成している複雑な現象は、実在の領域にあり現象を喚起する潜在力をもつ因果法則が引き金になって生じるが、その因果法則の存在は必ずしも出来事を生じさせるとは限らない。また、生じた出来事が必ずしも観察・経験されるわけでもない、ということである。このことから Bhaskar (1975) は、下層の領域に成立している状態や確立された原理によって上層における振る舞いを完全に予測できるという考えを否定し、事象や経験を生み出す構造は、その発生パターンとの間にズレを伴って現れるのが正常な姿であると主張する。またこのような意味で**現象の一般化は現象を生み出すメカニズムそのものとは根本的に異なる**とも論じている。そして、科学は特定の事象の連関関係を記述することだけではなく、事象の経過を支配し促進する構造とメカニズム、力とその傾向を特定し明らかにすることを目指すべきだということを強調する。

　このような見方に立つことで、Bhaskar は、実在世界と経験が一対一で対応するという経験的実在論を退け、現実は観察者によって主観的に作り上げられたものであると主張し客観的に存在するものを認めない解釈主義者の対立を解消しようとした。この枠組みを言語の認知システム・メカニズムに当てはめると、認知システムやメカニズムは因果法則として「実在の領域」に存在するため、我々の日常的な言語経験の領域から直接アクセスすることができないことを認める必要がある。

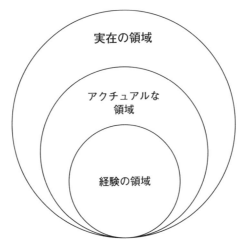

図 3.1. 超越論的実在論における領域の包含関係

　超越論的実在論は多くの点で、先に SLA の伝統的な認知主義批判の文脈で紹介した「複雑系の科学」の考え方と共通する認識が見てとれる。複雑系理論では、前述のとおり、システムを構成する要素の相互作用からシステム全体の複雑な性質が現れると考える。そしてそのシステムは階層構造を成しており、各階層間にも相互作用があるため、上位構造の振る舞いは下位構造に還元されない。このことから複雑系の科学は、超越論的実在論と同様、**我々の経験する表層的な言語現象から直接的に認知システムにアクセスすることは不可能であり、また深層にある認知システムから表層的な認知行動や特定の事象を完全に予測することもまた不可能である**ことを強調する。認知科学の文脈では、複雑系の認識論に立った場合、上位の現象を生み出す下位システムにアプローチするために、対象の振る舞いを反映するような現象を計算機内に出現させるシミュレーションの手法をとるなどしてそのメカニズムを探ることが多い。またしばしば、シミュレーションモデルを実験によって検証するといったアプローチも併用される。シミュレーションモデルにより現象を生み出す法則を明らかにした有名な例として、鳥の群れが移動するときに現れる複雑な幾何学模様は、限られた数の極めて単純なルールから生まれることを示した研究が知られている（Reynolds, 1987）。

これらの認識論を認めた場合、我々が普段使用している言語現象は、こういった階層関係のなかでは直接経験可能な表層に出現するものであり、認知システムは、そこから還元できない下位構造に位置するものであると考えなければならない。それでは、認知システムの探究を目指す研究は、どのようにしてその下位構造に位置するシステムにアクセスすればよいのだろうか。Bhaskar は、現象を生じさせるメカニズムに関する知識を得る方法として、実際に起こった現象や経験をもとに観察不可能な実在の領域を推定する推論方法として「アブダクション（abduction）」を重視している[2]。また、複雑系理論を援用する研究においても、シミュレーション[3]は「アブダクションのエンジン」として考えられており（橋本, 2014）、アブダクションを用いて経験主義的に複雑系にアプローチする方法も模索されている（松本ほか, 2002; 坂本, 2019）。可能な説明のうち最良の説明を採用するという推論法を好んで用いる科学的実在論においてアブダクションはよく見られる方法ではあるが、表層的な現象から深層にある認知システムを探究する方法として、「開いた系」を前提とする複雑系のアプローチと超越論的実在論で同様の推論方法を重視する立場があるということも重要な視点である。

2.2 アブダクション

問題点の解決を試みるにあたり、我々研究者が普段行っている科学的推論について概観し、ここまでの議論をその科学的推論にどのように組み込むことができるか検討したい。

米盛（2007）は、科学的論理的思考を形成している主要な推論として、帰納と演繹に加えて、アブダクションを挙げている。論理学では推論の方法として帰納と演繹の二分法が強調され、科学的推論の方法としては演繹の論理

---

2 超越論的実在論は、アブダクションとリトロダクションという二つの推論方法を区別しているが（Danermark et al., 2001 など）、その二つは厳密に区別することが困難とも言われており、リトロダクションはアブダクションに含まれるとする考え方もある。本章ではアブダクションに焦点を当てて説明する。

3 本章では主に実験的アプローチを紹介するが、複雑系・批判的実在論の両アプローチにおいてモデルシミュレーションは有用な方法だと認識されている（Ellis & Larsen-Freeman2009; Werker & Brenner, 2004 など）。

的形式が重視されることが多いが、米盛は記号学者 Pierce (1931–1935) の提唱する推論の概念に触れながら、帰納的推論を、アブダクションによって導入される仮説を経験的事実に照らして検証する方法、また演繹的推論を、その仮説を実験的に検証する帰納法との間の仲介の役割を果たす方法と位置づけている。またこれらの推論は、それぞれが科学的探究・論証の手順において異なる役割を担うため、ある特定の推論が他の推論より優れているというものではないとされる。

　まず演繹的推論は、最も典型的なのは「A ならば B。A である。ゆえに B である」という形式のもの（モーダス・ポネンス）であり、前提が正しければ結論が必ず正しくなる（真理保存性の性質をもつ）反面、新たな情報は増えないことがその特徴である。一方で帰納は新たな情報を付加する「拡張的推論」にあたり、前提の内容を超えて、前提に含まれていない新たな情報を含む推論である。帰納にも様々な形式があるが、典型的には個別的事例から一般的な規則を見出そうとする推論であり、「a_1 は P である。a_2 も P である…」という個別の観察から、「すべての a は P である」という一般化を行う方法である[4]。帰納は前提に含まれていない知識を加えることができる反面、必然的に正当化される推論ではないため、経験により反証される性質のものである。そしてアブダクションは、Pierce によって「驚くべき事実 C が観察される、しかしもし H が真であれば、C は当然の事柄であろう、よって H が真であると考えるべき理由がある」と定式化されている。つまり、現状理解されていないある観察事実を前提にして、その事実が生じる理由を説明づける「仮説」を結論として導き出す推論である。帰納やアブダクションのような拡張的推論は真理保存性をもたないが、科学は知識の拡張を目的とするため、科学的推論にはなんらかの拡張的推論が含まれなければならない。

4　ここでは、帰納の典型的な推論方法としてこの論理形式（単純帰納）を挙げたが、実際には反例が一つ見つかったところでコアな仮説が書き換えられることはあまり行われていない。反例が一つ見つかることで反証されるこの単純帰納は実際的には「科学的探究においてはほとんど何の役割も果たさず、役に立」たないと言われる（米盛, 2007: 120–121）。帰納には単純帰納以外に様々な形式があるが、「得られた事例からクラス全体へと推論を拡張する」という帰納の基本的な推論形式自体は、科学的探究のあらゆるところで用いられている。

　帰納とアブダクションは拡張的推論としてしばしば同一視されることもあるが、Pierce はその二つを明確に区別する。帰納は我々が事例の中に観察したものと類似の現象の存在を推論する。すなわち、我々が観察した事例から、同様の事例は同種の事象のクラス全体においても存在すると仮定するというように、既知の事例から、その事例が属するクラス全体へと推論を拡張する。それに対し、アブダクションは直接観察した事象を説明するために、その事象とは異なるレベルで、原理的に直接的な観察が不可能な原因（とそこから観察可能な事象を生み出す仕組み）をも仮定することができ、それによって知識や情報を拡張するという点において異なる。この意味で、我々が日常生活で主に使用する経験的一般化の帰納的飛躍と、科学的発見のためのアブダクションによる仮説生成は別種のものであると考えられている。我々は観察された事例の中に見出された規則性が他の事例において成り立つと推論する帰納を用いて様々な現象を記述的一般化することができるが、その法則がなぜ成立するかを説明するためには、観察された事例とは別種かつ観察不可能な超越的対象を仮定するアブダクティブな推論が必要である。この点において帰納とアブダクションによる仮説生成は区別され、記述的一般化とそれを説明する理論は明確に異なるとされる。例えば、地球上の様々な場所で物の落下が記述され、「物は鉛直方向に一定の重力加速度で落下する」と結論づけることができたとしても、そのような観察をどれだけ重ねても「重力」という観察不可能な超越論的な概念は出てこないし、「なぜ物が落ちるのか」の実在論的な説明をしたことにもならない[5]。

　Pierce は演繹と帰納に加えてアブダクションを含めた科学的探究の方法論を提示しており、それを「探究の論理学（the logic of inquiry）」と呼んでいる。ここでは、「発見の方法」としてアブダクションを用い、論証の方法として演繹・帰納を用いた研究サイクルが提案されている（図 3.2）。まず説明を要する不思議な現象を発見し、アブダクションによって可能な仮説（群）を生成する。次に、その仮説が成り立つ際に予測される事実を演繹により導く。ここで導出された仮説は、実験によるデータによって経験的に正し

5　SLA の文脈における実在論的な「説明」に関しては、Gregg（1993）も参照のこと。

いかどうかが判断され、帰納的一般化が行われる。ここでは帰納的観察は、「仮説や理論の確証ないし反証を行うための実験的実証的観察（米盛, 2007: 111）」と考えられている。予測に合うデータが得られた場合は、仮説の妥当性が高まることとなり、仮説から新たな予測・検証を繰り返すこととなるが、予測が反証された場合は、アブダクションによって得られた仮説が反証されることとなる。帰納による一般化と整合性に応じて、仮説の撤回や修正が行われる。そして、アブダクションによる新たな仮説の生成や、修正された仮説による予測のプロセスに戻り、それを繰り返すこととなる。

　このようなサイクルを考えた場合、科学的な研究とは、正しいと思われる仮説を支持するデータを収集することにより進むのではなく、もっともらしいが実際は正しくない仮説をできるだけ多く反証し、それらを排除することによって、その時点で最も正しいと考えられる仮説を採用し、それを繰り返すことにより前進するものであると言える。

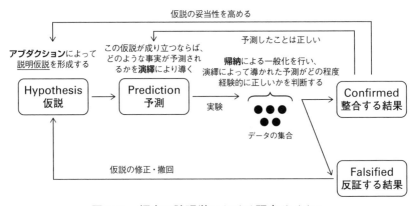

図 3.2.　探究の論理学における研究サイクル

3.　探究の論理学に基づく L2 研究の振り返りとさらなる注意点

　探究の論理学による研究のサイクルを見たとき、この手順は明示化されるまでもなく当たり前のように思えるかもしれない。確かに、L2 研究の文脈においても、これらの推論は常時行われている。研究者は、文法的に的確な

文を読んだ時と比較して、ミニマルペアになっている非文法文を読んだ時に読解時間の遅れが検出されたならば、読解者はその文の文法性を決定している要素に対するなんらかの規則に対する知識をもっており、その規則に違反するからこそ読解に遅れが生じると推測する。例えば、L2 研究で暗示的知識を測定しているとされる単語モニタリング課題（word monitoring task）という課題（Suzuki & DeKeyser, 2015）では、実験参与者は単文を聴き、ある特定の語が聴こえたらすぐにボタンを押すことを求められる。しかし参与者が単文を聴く際、ターゲット語の直前に文法的誤りが含まれていることがある（例えば "The book is being closely [*pick/picked] by the large group of curious students" という文が流れ、by がターゲット語だったときに、pick の屈折が文法的（picked）であったり非文法的（pick）であったりする [Suzuki & DeKeyser, 2015]）。このとき、英語の習熟度の高い学習者であれば、ボタンを押すという反応のスピードが、文法的な文を聴くより非文法的な文を聴くほうが遅くなる。このような現象があるとき、反応時間の遅れを生むなんらかの表象を学習者がもっていると考えるのはアブダクションに沿った推論である[6]。また、この課題では参与者には文法的誤りが含まれる文を聴くということについては伝えられないことから、ボタンを押すという反応と聴き取る文の文法性は独立したものである。にもかかわらず反応時間が遅れるという点で、この課題は学習者の無意識的な反応を引き出していると推論できる。

　このようなアブダクションの手続きを適切に用いることができれば、観察できない仮説的概念から反応への因果関係が明確な反映モデルとして解釈できるため、観察可能な反応との結びつきが明確ではない概念生成を防ぎつつ、表層的な現象（経験の領域）から観察不可能な概念（存在の領域）に接近する方法として用いることができる[7]。

6　この際、測定が対象に対して十分に敏感であるか、まったく別の理由で遅れが生じている可能性がないかなど測定論に関わる検討は必要であるが、それはアブダクションの推論形式自体の正しさとは異なる問題である。

7　なお、アブダクションを科学的推論のひとつと位置づけた Pierce 自身は科学的実在論者ではないので、アブダクションを観察不可能な「実在」を発見する方法と主張して

　しかしながらしばしばL2研究で提案される構成概念は、必ずしもこのようなアブダクションの手続きに則って提案されてきているわけではない。顕著な例としては第2章で述べたCAFに基づく研究が挙げられる。Fukuta, Nishimura, and Tamura（2022）が論じているように、L2研究者は言語産出を複雑さ・正確さ・流暢さの三側面（CAF）から評価するため、それぞれの指標値を提案し、その数値を言語産出の評価に関わる議論に用いてきた。それが徐々に認知的な実在物の反映とみなされ、能力の発達や、言語処理の自動化の度合い、注意の方向性を記述するといった目的で使われるようになった。しかし、CAFの三側面は、もともと何かの現象を説明するためにアブダクション的な手続きを用いて提案されたものではなく、あくまで測定・評価のために現象を分割して還元的に要約して名付けたものにすぎない。このような手続き上、CAFは存在論的には心的実在の指示対象をもたない、我々の素朴な認知の中にのみある構成概念に位置づけられる。前述のように、傾性概念は原因に関する情報を含まないので、その概念を実在物として提案しメカニズムの説明に用いることはできない。現象を生み出す基盤となるシステムを仮定し説明的理論を構築することを試みる立場は、存在論的なコミットメントを必要とする。つまり、システムを構成する概念は指示対象を必要とし、その概念が行動や測定結果に因果的な役割を担うと考える必要がある（Borsboom, 2005）。

　上述のように、アブダクションによる存在論的な解釈が可能な概念の措定は説明的理論の基礎をなす。しかしその一方で、アブダクションを行えば本章で提示したすべての問題が解決するわけではない。認知システムの推論に用いる仮説的概念は、存在論的な解釈が可能なものでなければならないが、そのためにはまず、仮説的概念から反応に至る一連の事象全体の連鎖が明瞭である必要がある（Borsboom, 2005; Borsboom et al., 2004）。例えば前述の単

いるわけではないと思われる。CarnapはPierceらプラグマティストたちにとって理論は「あたらしい観察可能なものを予測するのに有効に働くようなある種のパターンに、経験的観察事象を組織化するための言語的用具にすぎない（Carnap, 1966/1968, 邦訳 p. 261）」と述べ、また一方でこれらの立場と実在論者の異なりはどちらの言い方が好まれるかであり本質的に同じであるとも述べている。

語モニタリング課題におけるアブダクションの推論は、学習者が文法的誤りを含む文と含まない文に対してどのような表象を作っていると仮定されるか、またその表象からどのようなプロセスを経て反応時間の遅れに至ると仮定されるのかという連鎖が明確である。

　一方で、概念自体がアブダクションの推論形式によって導き出されてはいるが、この論理の連鎖が曖昧なために有用ではないものもある。例えば、「コミュニケーション力」のような概念は、友人が多い、初対面の人とも会話が弾む、大人数のパーティーで多くのグループに自然に入っていける、などの実際に観察できる現象をもとに、その現象が生み出される原因として仮定しうる概念であり、その点ではアブダクションによる推論を用いていると言える。似たような概念としては「女子力」や「生きる力」、「論理的思考力」などもある。しかしながら、これらの概念は、それが何を指しているのかということや、観察した現象に行き着くまでの連鎖について誰もが同様に共有できるものではない。これらの概念は、その行動に至るまでの下位プロセスが異なったり、その概念を認識する人によって想起するものが異なったり、それに伴って文脈依存性が強くなりすぎたりしてしまう。多様な解釈が可能である仮説の検証は、「後から振り返ってみると当たっているように見える」という現象を誘発し、反証可能性を低下させる（植原, 2020）。このような曖昧な「能力」概念の措定は、推論形式としてはアブダクションの形をとっていても、存在論的な側面から議論が可能な概念とはいえず、現象を素朴にカテゴリー化し名前をつけているのと実質的には変わりがない。

　また、そのような意味で妥当な概念を導く推論を行うためには、上述のようにまず説明的概念として用いることができない傾性概念の生成に注意し、また同時に、相関に基づく議論（第 2 章参照）を避ける必要がある。例えば前章で述べたように、習熟度の違いや母語・非母語の違いから生じるパフォーマンスの異なりの観察から、二種類の異なる知識（明示的・暗示的知識）をアブダクションするという手続きは可能である。しかし、アブダクションにより得られた仮説的概念を測定しようとする際、それぞれの知識を測っているように思われるテストを寄せ集めて形成モデル的に概念を測定しようとすると、アブダクションにより直接得られた仮説的概念と、そこから

生まれる演繹的仮説導出に使われる概念が乖離したり、潜在変数と観測変数を結ぶ因果の流れが逆転したりする。その結果、傾性概念が生じてしまう。つまり、仮にアブダクションから得られた、心的実在の対象物をもつと考えられる理論的概念であったとしても、相関に基づく議論が混入することにより、研究を進めるにつれて心的実在物から独立してしまい、その意味内容が拡張ないしは変容してしまうということである。これは、ある概念とテストで見られる反応の間に因果的な関係が示されているからといって、その反応と相関が高いものが同じ心的実在物を測定しているということにはならないことを意味する。このことを図式化したのが以下の図 3.3 である。先の単語モニタリング課題では、無意識的に作動するなんらかの表象が課題の反応に影響したとみなせるという点で (1) が示されており、この課題の反応は他のテストとしばしば高い相関をもつ[8]。しかし、(1) と (2) が示されたことをもって、その他のテストが必ずしも同じ心的表象・心的状態を反映しているという証拠にはならない (3)。このように、仮説生成の段階での相関に基づく構成概念妥当性の議論は、メカニズム探究を目的とする認知科学的研究とは相性が良いとは言えない。L2 の認知システムおよびメカニズム解明を念頭に置いた場合、アブダクションから仮定された理論的概念がその対象物である心的実在から乖離していくことから生まれる問題点は、前段の CAF のそれと同様である。

8　別の問題として、このような反応時間の差をもって知識表象の有無を論じるタイプの課題は、「反応時間が遅れれば遅れるほど知識をもっている」ということにはならないので、その反応時間の差を相関の変数とした相関分析にはそもそもなじまない。

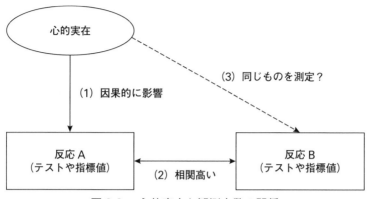

図 3.3. 心的実在と観測変数の関係

　このことと同様に、心的実在物として提案されている概念が特定の指標値へ影響していると解釈的に**みなす**ことで結び付けるという手順も、その概念の存在論に対する妥当な推論から我々を遠ざける。第 2 章で見たように、言語産出を分析して得られる各指標値の変化が概念化・形式化・調音化のプロセスを反映しているとみなしてその変化を記述するという方法もこの問題に抵触する。もともと Levelt (1989) が提案した「概念化・形式化・調音化」の概念は、膨大な数の言語現象を包括的に説明するために、それまでの言語学の知見を用いて提案された理論的概念である。しかし、L2 研究ではしばしばその概念があるテストや指標値に因果的に影響を与えているという証拠を示すことなく、特定の（直感的にはもっともらしい）指標値の変化をそれらの概念の働きの結果として解釈する。この手続きを続けると、当初はアブダクションによって概念と現象のつながりが示されていたはずの存在論的実在物としての概念が、傾性概念となって当初の意味内容と乖離した形で拡張して解釈されていくのである。端的に例を挙げると、第 2 章で紹介したLambert, Kormos, and Minn (2017) で述べられた「タスクの繰り返しによる発話指標の変化」は、本当に「概念化・形式化・調音化」のそれぞれが独立して自動化していった結果だと示す（存在論的な）証拠はなく、その解釈のもっともらしさを裏付けるのは研究者の認識論的な信念である。この手続きからは、観察者の主観に寄せる形でそれぞれの器官の働きとまったく関係な

い情報をその概念に関わる知識として付加している可能性を論理的には払拭することができない[9]。Pinker（1984）は、「もともと重要な理論的問題を知るために調査された経験的現象が、本来の問題との関連性をほとんど考慮せずに集中的に研究される（p. vii）」という現象は心理学にありがちなものだと述べているが、上述のことはまさにこのPinkerの指摘に当てはまることである。

　また分類による概念生成とその概念間の効果の記述に基づく仮説・理論は、特定の状況下で観察された行動パターンの抽象的記述であり、概念の意味内容は完全に観察に還元されるという点で帰納による記述的一般化の一種である。前述のように、このようなアプローチでSLA研究において提案された多くの理論・仮説が棄却されず残存し続けているという問題がある。こういった帰納による記述的一般化は、既知の事例からその事例が属するクラス全体へと意味を拡張する推論であり、傾性概念は先行条件が同一である限り行動の予測を行うことができる。ゆえに、このような理論・仮説は、反証事例が提示されたとしても、事例が属するクラス自体の範囲を、得られたデータの条件分だけ調整することで容易に救い出すことができるのである[10]。このように帰納による記述的一般化に基づく仮説や理論は可謬性が低く、ある意味で頑健であり、どのようなデータが示されても、概念の意味内容が観察に還元される。かくして、第2章で述べたように、この種の仮説はそれを支持するデータが得られた場合は観察の前提条件などの意味内容が拡張し、否定されてもそれが同条件分だけ縮小するのみであり、コアな仮説を取

9　近年では、節の内外でのポーズが発話のどのプロセスを反映しているかといった点に関して、脳科学からのアプローチも行われつつある（Révész et al., 2022など）。

10　アブダクションによる仮説は「仮説群」であるため、この場合であっても反証するデータが得られた場合にコアな仮説を保持したまま補助仮説を修正するという手続きをとることはできる。ここで論じているのは、推論の特性に起因する可謬性の程度と、コアな仮説に対する反証可能性の問題である。帰納的推論は観察された事例から観察されていない事例への一般化である一方、アブダクションは観察された事例からまったく別種の事実を推論するという点で、その可謬性に明白な違いがあると考えられている（米盛, 2007）。ただしそれは、提案された仮説的概念が何を指しているのか、観察した現象に行き着くまでの連鎖について誰もが共有できるものかといった上述の条件が満たされているときに限ると筆者らは考えている。

り下げるまでには至らないことが多い[11]。このような場合、探究の論理学で示されるような反証に基づく研究のサイクルは機能不全に陥る。

　植原（2020）は、仮説や理論が反証されて修正や改訂を施す必要が生じた際は、修正後の仮説や理論から**反証可能な新しい予測を導く**ことができるように修正することが、科学的推論として必要な態度であるとしている。修正後の仮説や理論から新たな予測が導かれないアド・ホックな修正は、その場しのぎの修正にすぎず、一般化可能性も反証可能性も増加することがないと述べる。反証に基づく研究のサイクルを健全に機能させようとするならば、仮説修正にあたっては、一般的な科学的実在論で言われている、修正後の理論が「経験的に適合すること」や「少数の論理で多数の現象を説明できること」に加え、修正によって「新たな反証可能な予測が導出できるか」という点も考慮すべき点となるだろう。これを可能とするためには、やはり存在論的な議論が可能となる、概念から反応への連鎖が明確な概念を用いた明示的な理論と、それに基づく反証可能な仮説の演繹的導出が必要となる。

　もとより現実に生じる現象の予測・制御が目的の研究においては、予測がどのようなクラスの対象において有効かを示すことは意味のある知見になりうる。しかし、認知システムから言語現象の説明を目指すことが目的の研究においては、仮説や概念が反証されず生き残り続けることの問題は大きい。ここに挙げた事例を見ても、探究の論理学で示されている科学的推論過程は、当たり前のように思えるがそれほど厳密には取り入れられていないということがわかる。一方で、仮説生成の際にアブダクションを用いさえすればすべての問題が解決されるわけでもない。これらを解決し、認知システムの解明を目指すにあたって、我々は潜在的な問題を認識しながら、上述の研究サイクルを進めることによって、認知システムの考察を行っていく必要があるだろう。まず上述のように、認知システムの解明に用いられる概念や理論は、表層的な現象の分類ではなく、アブダクションの手続きによって仮説的に提案されるべき性質のものである（このことにより現象の直感的な分類に

11　むしろ当分野においては、仮説を積極的に棄却しようとするのではなく、サポートするデータを生み出すことで、仮説から予測できる条件範囲を拡大してきたという部分もあるのではないかと筆者は考えている。

基づく素朴な概念の提案を抑制する）。その際のアブダクションの推論手続きは、存在論的な議論の対象となるものでなければならない。そして仮説的に提案された概念や理論を検証するために、演繹的手順に従って現象の予測を行い、その検証という形での実験・観察を繰り返すことで、帰納的に検証を試みる。この手順を基本としたうえで、現象に対するナイーブな知覚に基づいて概念を提案していないか、研究者の主観に寄せる形で概念の意味内容を拡張していないか等、推論の妥当性に関して適宜内外からチェックする手続きが必要である。

4.　認知科学的 L2 研究における言語理論の役割 [12]

　認知科学の進展は、観察結果を分類したり、一般化したりするだけでなく（アリストテレス的研究方略）、現象の背後にある原因・メカニズムを発見すること（ガリレオ的研究方略）によってもたらされてきた。このような方略をとる研究において重要なのは、存在論的な議論の対象となりうる概念を措定して明示的なモデルを構築することである。例えば先述した単語モニタリング課題の例では、認知メカニズムへの手がかりとなるような現象を発見し、実験参与者が与えられた刺激に対して具体的にどのような表象を作ったのか（または作らなかったのか）や、その表象の構築から反応の遅れに至るまでどのような因果関係の連鎖が続いているのかといったことについて明示的に説明しなければならない。このとき、言語理論が重要な役割を担う。本節では、第2節で紹介した探究の論理学に基づいて、言語理論が各研究段階で果たす役割について述べたい。

　まず研究の初期段階において必要な作業は「説明を要するような不思議な現象」の発見である。「説明を要する不思議な現象」とはどのようなものだろうか。例えばフランス語やノルウェー語を母語とする英語学習者が、主語・動詞・目的語を含む他動詞文（The boy read a book）をこの語順で正しく

12　ここに示したのは L2 研究における言語理論が担う役割に関する一観点であるが、その他、言語理論の必要性を説いた論考としては、Gregg（1993）や Wakabayashi（2013）などもある。

並べることができたとき、その事実に驚く人はいないであろう。なぜなら表面的な語順においてこの三つの要素の並びはフランス語・ノルウェー語・英語で同じであるからである。しかし、その背後にある文の構造について知っていれば、often/always など英語では主語と動詞の間に介在する副詞を含む文や、yesterday/every day などの副詞が文頭に置かれた文において、正しい語順を導けるかということを調べることができる（cf. Jensen et al., 2020; White, 1991）。前者では、表面上の語順がフランス語と対応せず、後者では表面上の語順がノルウェー語と対応しない。したがって、この点において L2 学習者は母語話者との相違を見せる可能性があり、単純な「主語・動詞・目的語」という文では見えてこなかった事実が明らかになる可能性がある。このような知識が必ずしも「説明を要する不思議な現象」を発見できることを保証するものではないが、言語理論の助けを借りることによって初めて L2 学習者の文法知識に関する観察が可能になるケースは数多く存在する。

　もちろん、この研究段階において言語理論を利用することが唯一の方法ではない。例えば、スピーキング・ライティングにおいて L2 学習者が母語話者には見られない誤用をしたり、リスニング・リーディングにおいて誤解をしたりすることに外国語教師が気づくというようなことは多々ある。このようなケースでは、言語理論ではないものの、外国語教師／研究者が規則に関するなんらかの知識をもっているからこそ、そこから逸脱した現象に対して「なぜこのようなことが起こるのだろうか」と不思議に思い、それを説明しようと考えるのである。言い換えると、説明を要するような不思議な現象の発見には、現象に対するある種の期待があり、そのとき、手がかりのひとつとして言語理論を利用することができるということである。

　言語理論を利用せず素朴な疑問からスタートするアプローチは探索的に幅広く現象を探すことが可能であるため研究の初期段階としては有益であるが、ある程度知見が蓄積し、理論化が進んだ段階では弱点があることに留意しなければならない。ひとつは、研究方法と最終的な目的とのミスマッチである。L2 研究者が最終的に知りたいのは、個々の誤用・誤解例ではなく、それらを説明するような学習者の文法知識である。これを推測するために必

要な手がかりは、観察の寄せ集めではなく、一定の共通性をもつ特徴に基づいて整理された観察の束である。まったく仮説がない状態での観察はどの特徴に着目すれば良いかを判断することは難しく、原因となる学習者の文法知識の状態を推測するのに有益な情報が得られるとは限らない。もう一つの弱点は、探索的に得られる観察は、理論的に関心のある観察であるとは限らないということである。研究を進めていくなかで競合する複数の仮説が提案され、それらの妥当性を評価しなければならないことがあるが、そのとき、どちらの仮説も同じ予測をする結果を得ても研究上、意味を成さない。一方で、言語理論に基づくアプローチでは競合する仮説が異なる予測を立てる現象を観察しやすいというメリットがある。

　説明を要する不思議な現象が見つかれば、そのような現象の背後にあるメカニズムに関して問いを提起することができる。研究者によって重要な問いは様々であろうが、例えば「L2 文法の初期状態や現在の状態はどのようなものか」、「母語の転移 (transfer) はあるか、あるとすればいつ、どのような知識が転移するか」、「L2 の学習は、母語とは異なり（明示的に教えられても）習得が困難である側面（または逆に明示的に教えられていなくても容易に習得できる側面）があるのはなぜか」といった学習者内部に関する問いや、学習者に関わる社会的・文化的要因を考慮した問いなどが含まれるであろう。研究の次の段階として、その問いに関して、その原因に関する仮説をアブダクションにより生成する。上述のとおり、アブダクションは、演繹とは異なり、必然的に正当化されるような厳密な推論ではないため、唯一の正しい仮説を導くことはできない。したがって、その原因について（しばしば複数の）もっともらしい仮説を生成し、その妥当性を検証する。このとき、言語理論が二つ目の役割を担う。例えば、第 3 章・4 章で紹介する「L2 学習者がもつ中間言語は UG の制約を受ける」という仮説や、その下位にあるより具体性の高い仮説群は、言語理論に基づいている。仮説を立てることができれば、適切な実験デザインとリンキング仮説を通して、研究サイクルの初期段階（「説明を要するような不思議な現象」）で観察した現象以外の観察

に関して予測を立てる[13]。例えば、「L2 学習者の中間言語が UG の制約を受けるとすれば、島の制約や束縛に違反する文を呈示したときにそれをリジェクトするであろう。正しい知識をもっていないとすればリジェクトしないであろう。」、「島を含む文を呈示したときにその領域を避けてギャップ位置の探索を行うであろう」といった予測がこれに該当する[14]。このような予測を検証し、予測に整合する結果が得られれば仮説（群）の妥当性が高まる。一方で、予測に整合しない結果が得られれば仮説（群）が反証され、仮説群のうち、少なくとも 1 つになんらかの修正を迫られることになる。繰り返しになるが、修正が必要となったとき重要なのは、反証可能性を損なわない形でそれを行うということである。観察した結果だけを説明するようなアドホックな修正を行ってしまうと、科学的な仮説としての情報的価値を失ってしまうことになる。

　このようなサイクルを繰り返すことにより、L2 学習者がもつ文法知識や言語処理メカニズムについてより良い説明をすることができるようになる。なお、この「文法知識」や「言語処理メカニズム」というのは、有限個の語や形態素を組み合わせて文の生成を可能にするような生産的規則のことである。このような記述を可能にするツールは言語理論にほかならない。したがって、研究者によって関心のある問いは様々であったとしても、言語理論を用いて学習者の文法を記述することができて初めて、母語の影響、母語獲得と SLA における発達的変化の異同といった重要な問いに答えることができるようになるのである。

　言語理論は実験結果を予測するうえで有益な情報を提供するが、十分な情報を提供するわけではない。それに加えて、リンキング仮説が必要になるからである。したがって、予めどのようなパターンが現れるかについて明確な予測を立てることが困難な場合もある。ただし、このような場合において

13　リンキング仮説とは、仮説と予測／実験結果を繋ぐ仮説（前提）のことである。

14　ただし、言語知識のシステムと言語運用のシステムが異なるという立場をとるのであれば、後者の予測を成立させるためには、言語運用システムが言語知識のシステムに十分な速さでアクセスできるということを保証する必要がある。これもリンキング仮説のひとつである。

も、実験結果の解釈に言語理論が果たす役割は大きい。ここで、再帰代名詞
の束縛に関して研究を行った Wakabayashi（1996）を紹介する。この研究で
は、日本語母語話者を対象として以下のような文の再帰代名詞がどの名詞句
を指すかを尋ねる調査が行われた（下付きの i は二つの名詞句が同じ人物を
指すことを示す）。

（1）Wakabayashi（1996: 273–274）の刺激文

　　a. 先行する名詞句が1つの文：Tom$_i$ dislikes himself$_i$.

　　b. 埋め込み節が時制節である文：Tom said that Sam$_i$ liked himself$_i$.

　　c. 埋め込み節が非時制節である文：Sam told Tom$_i$ to support himself$_i$.

　　d. 主語が含まれる名詞句をもつ文：Tom read Sam$_i$'s criticism about himself$_i$.

　調査の結果、学習者によって様々な判断が見られたが、興味深いことに、
実験参加者が一貫して回答するパターンを分析するとそのばらつきは完全に
ランダムなわけではなかった。英語の再帰代名詞に対して日本語タイプの最
も制限の緩いタイプの判断をする参加者と英語タイプの最も制限が厳しい判
断をする参加者に加え、イタリア語タイプ、ロシア語・アイスランド語タイ
プのようなその中間にある特徴を見せた学習者もいた[15]。しかし、重要なこ
とに自然言語に存在しないパターン（例えば、（1a）と（1b）の文に対しては
一貫して Tom のみを先行詞と考えるパターン）を見せる参加者はいなかっ
た。つまり、L2学習者は自然言語として可能な範囲で文法の構築を行って
いるということである。母語にも目標言語にもないパターンを見せる学習者
がいることについては、既存の言語理論に基づいて予見することは難しいと

15　英語は主語を含む最小の名詞句（Noun Phrase）か屈折句（Inflectional Phrase）を統率範
　　疇（governing category）とする言語で再帰代名詞が先行詞を探せる範囲が最も狭いのに
　　対し、日本語は（「自分」を再帰代名詞と考えるのであれば）文全体が統率範疇となる
　　ため最も制限が緩い。イタリア語、ロシア語・アイスランド語タイプと呼んでいるグ
　　ループは、名詞句が統率範疇になることはないため英語より範囲が広いが、前者は不
　　定詞節を含む屈折句、後者は時制のある屈折句に統率範疇が制限されるため、統率範
　　疇が再帰代名詞を含む屈折句を超えても良い日本語よりは範囲が狭い。便宜上、ある
　　言語を代表させてグループ名を付けているが、そのグループにその言語しかないわけ
　　ではない。

思われる。しかし、いま紹介した研究のように、「個人差があるものの、あるパターンは見られるのにその他のパターンが見られない」という観察に関して、自然言語に関する知見、すなわち言語理論は、解釈を与える手がかりとなる。

　これまで見てきたように、言語理論はL2習得および処理研究の各研究段階において様々な役割を担う。一見、言語理論は、抽象的でわかりにくい印象を受けることもあるが、とりわけ生成文法においては理論の明示性が重視されており、定義さえ理解できればそれが意味するところに曖昧性はない。したがって、言語理論に基づくL2習得・処理のモデル化は明示的であることが多い。これは反証可能性を高めることにつながるため、このアプローチにおける仮説（群）はある意味では簡単に反証されてしまう。しかし、L2習得・処理のような経験科学において純粋な証明を行うことは期待できないため、理論を精緻化していくためには、もっともらしそうではあるが実際は妥当ではない仮説を反証していくことが重要である。つまり、言語理論の助けを借りて明示的な仮説を構築しておくと、一時的に誤った仮説を立ててしまったとしてもそれを反証することで、より良い仮説を導くことが可能になり、認知システム探究に有益な知見をもたらすことができるのである。一方、概念が明確に定義されていなかったり、概念の意味内容が完全に観察に還元されたりするような仮説は反証可能性が低く、認知システムの探究を目指すL2習得・処理研究への貢献は限られたものとなると考えられる。

5.　おわりに

　第1章で述べたように、L2認知システムが学習者の入力情報の記憶の総体として現象から直接的に還元できないものであること、また従来の認知主義批判を真摯に受け止め、複雑系の主張するように認知システムからL2使用者の相互作用する言語現象のすべてを精密に予測できないことを認める立場をとるならば、超越論的実在論の示すところの実在性の階層性を受け入れざるを得ないであろう。そのような立場から我々がとることのできる選択肢は論理的に2つ、すなわちシステムやメカニズムにアクセスするなんらか

の方法を探すか、その探究を諦めるか、である。本章で探ったのは、前者の
可能性である。

　複雑な現象を複雑なまま記述・分類する研究（Larsen-Freeman, 2006 など）
は、これまで還元主義的な方法論に則って、発達を線形的に捉える習得観の
批判としては非常に有効であった。また、認知システム・メカニズムの理解
が直接的に教室内で見られる言語産出や発達に関わる複雑な現象の予測を高
い精度で可能にするという幻想を打ち砕くうえでは大きな意味のある提案で
あったといえるだろう。しかし、複雑な現象がいかに複雑であるかを示すこ
とは、そういった複雑な現象を理解する最初の一歩にはなりうるが、それの
みでは複雑な現象を生み出す構造や規則を探究するという目標は達成されな
い。上述したような複雑系の科学の研究事例としても、鳥の群れが移動する
ときに現れる幾何学模様は、その幾何学模様を分類することではなく、どの
ような法則から生じるものかを示すことによって、その「メカニズム」が説
明されたのである。したがって、認知システムが開いた系の階層の中に位置
するということを仮定し、そのうえでその法則を解明しようとするならば、
新たに提唱された方法論を謳った研究にも批判的な視座をもち、同時に従来
の還元主義が捨象していた側面を考慮に入れながら批判的に発展させ再評価
するといった方法も同時に検討されるべきである。

　本章では、L2 研究の認識論的な変遷の概観から始め、具体的な研究例を
参照しながら、認知メカニズムの解明を目指すうえで孕む問題点を指摘し
た。そして、その問題点を克服する可能性を考察してきた。

　次章以降では、L2 認知メカニズム探究を志向する L2 研究者に有用な知
見をもたらしうる例として、生成文法を理論的基盤とする SLA 研究および
言語処理研究の潮流を紹介する。これらのアプローチは、仮説的概念に対す
る存在論的な妥当性を重視し、言語知識を「規則」や「原理」によって明示
的に定義することを目指している。このような言語理論は、本章で述べた存
在論的に妥当な推論の特徴を満たしており、そのような言語理論に研究基盤
をおく領域では、本章で批判した、指標値の相関に基づく概念の議論や、傾
性概念による行動の分類にとどまる「理論」の生成を見ることは少ない。そ
してこのような言語理論は、研究者がどのような現象を対象に観察を行うべ

きかについて有力な手掛かりを与えてくれる。このような特徴は、本書で述べてきた我々の目指す認知システム・メカニズムの探究を前提とした L2 研究に大いに参考になるものだろう。一方で、そのような言語理論を用いた研究であっても、その使い方次第では単なる記述的一般化にすぎない仮説・理論を生み出したり、反証可能性を減じてしまったりする可能性のある手続きは存在する。その具体的な指摘に関しても、第 4 章・第 5 章の各章で批判的に展開される。

　前章でも述べたとおり、本書は他の言語理論と比較して生成文法理論が最も優れていると論じるものではないし、本章で論じた問題のすべてが完全に防がれるものでもない。しかし、本章で述べたような問題点と真摯に向き合い、従来の方法論を批判的に発展させるために、生成文法に基づく L2 習得研究や言語処理の研究から得られる理論構築方法、実験の方法論的展開を、その批判的検討を通して俯瞰することは、現代の L2 研究を志す研究者にとって大きな意義があると思われる。

読書案内

戸田山和久（2005）『科学哲学の冒険』MHK ブックス

　対話形式で書かれた平易な科学哲学の入門書。科学的実在論を軸にして科学哲学に関わる様々な認識論的立場を紹介し、法則や理論とはどのようなものか、科学的説明とは何かといったことについて詳細に掘り下げている。

Hacking, I.（1983）. *Representing and Intervening: Introductory Topics in the Philosophy of Natural Science.* Cambridge University Press. 渡邊博訳（2015）『表現と介入―科学哲学入門―』ちくま学芸文庫

　直接見ることも触ることもできないものがどのようにすれば「存在する」といえるのか、ということについて論じている。科学的実在論の論争の歴史を紐解き、科学によって人間は真理へと近づくことができるのかという科学哲学の一大問題に迫る。本書ではハッキングは対象実在論という立場を打ち出し、実験という営みのなかで操作・介入できる対象は存在するという観点を論じている。

Mitchell, Melanie（2009）. *Complexity: A Guided Tour.* Oxford University Press. 高橋洋訳（2011）『ガイドツアー複雑系の世界』紀伊國屋書店

　サンタフェ研究所の研究者たちの研究を中心に複雑系の科学を説明した入門書。力学、遺伝的アルゴリズム、情報理論といった自然科学的な分野だけでなく、人間や動物の社会的行動といった分野まで及ぶ。数学的な知識がさほどなくても読むことができる。

米盛裕二（2007）『アブダクション―仮説と発見の論理―』勁草書房

　Pierce の論理学に基づき、帰納、演繹、そしてアブダクションを使った科学的推論の方法について詳細に論じられている。これらの推論の構造的な異なりが整理されているだけでなく、フランシス・ベーコンによる帰納論や、ポパーの仮説演繹法といった考え方と探究の論理学の違いなども詳しく説明されている。

本書の採用する科学観・言語観

1. 本書の科学哲学観

　本書で紹介するアプローチは広い意味で科学的実在論（戸田山、2015 など）に依拠している。大雑把に言えば、言語のメカニズムを説明するための目に見えない概念は、観察者の認識とは独立に存在し、それに関する事実も認識とは独立に決まっているという立場である。そのうえで我々はあらゆる研究分野の科学的対象となっているものが研究者の認識と独立した実在物であるとは考えない（第 2 章参照）。したがって、これまでの L2 研究で提案されてきたすべての抽象概念が実在論的な存在であったとも考えない。ただし本書では、果たして世界に存在するものや秩序について正しく知ることができるかどうか、という議論には立ち入らない。

　第 2 章では、心的概念は実在論的に存在していなければならず、測定の際にはその概念が観察される変数に因果的に影響を及ぼしていることを示さねばならないと述べた。また、第 2 章で紹介したように「形成モデル」の選択は、潜在変数に対応する実在を仮定しない操作主義や道具主義的解釈と親和性が高く、対する「反映モデル」の選択は潜在変数に対する実在論の表明であると考える（Borsboom, 2005）。存在論的な部分で、この立場はHacking（1983）の対象実在論や、Borsboom（Borsboom, Mellenbergh, & Van Heerden, 2004 など）の存在論的実在論と、すべてではないがある程度の前提を共有するものである。

対象実在論：科学者たちが実験により、操作したり、介入したりすることができるものは存在するという立場である。代表的な例としては、実験装置によって電子を研究者の予想どおりに射出できたとして、予想どおりの結果を生じたのなら電子は実在すると考える。つまりこの立場において科学的な営みとは、自然に働きかけ、現象を実験的に操作したり、新しい現象を創造したりしながら未知の事実を発見していくことである。

存在論的実在論：妥当性とは「測りたいものが測れているか」であるという

　　主張に立ち返り、構成概念が測定指標へ「因果的に影響を与え得ているか」否かという因果プロセスを明らかにすることが妥当性のすべてであると主張している。非常にシンプルな主張だが、それまで行われてきていた古典的テスト理論や構成概念妥当性検証に関する主張と真っ向から対峙する立場である。

　第1章でも述べているように、この前提は言語の認知メカニズムを探究するうえで必要と我々が考えている立場であり、広義のL2研究すべてが科学的実在論を前提として行われるべきだとは考えていない。一方でこの前提は、人間の認知活動と独立した世界の存在を一切認めない極端な構築主義をとらない言語理論であれば相容れない前提ではないと我々は考える[1]。

2.　本書の言語観

　また本書が例示する研究パラダイムは生成文法であるが、それを通じて論じる「認知科学的アプローチ」はより広い意味での「心の計算理論」を対象としている。「広い意味」というのは、心の計算理論は心を表象とアルゴリズム計算として捉えるが、この「表象」に分散表象などを含むと、形式主義的な立場だけでなくコネクショニズムも含まれることになる。また認知言語学の諸派は言語の習得・使用において他者や環境など外界とのインタラクションを重視するが、それが認知的にどうシステムに取り込まれるかといった点で計算理論的である（統計的学習などはまさにこの例である）。

　その意味で本書の対象とする広義の「心の計算理論」は、「形式主義」と同義ではない。また、言語システムと外界とのインタラクションを否定し、言語に関わる諸現象は個人内の心的なもののみで説明可能とする立場もとっていない、ということをご承知いただきたい。

1　事実、以降で紹介する生成文法はもちろん、Lakoffの認知意味論が掲げる「経験実在論」やLangackerの認知文法といった主要な認知言語学的理論もそのような極端な構築主義的立場はとっていない。一方で、SLAの文脈においては一部の複雑系アプローチを掲げる研究者が認知システムを仮定できないという主張を行っている（Larsen-freeman & Cameron, 2008など）。

第 4 章

‖‖

生成文法に基づく
第二言語文法研究

1.　はじめに

　本章では、言語理論に基づいた L2 文法研究の一例として、生成文法
（generative grammar）を理論的基盤とする研究の思考法や研究例を紹介する。
すでに簡潔に紹介されているとおり、生成文法研究者は、明示的に定義され
た概念や道具立てを仮定して、一見不可解な言語現象に対して原因を究明す
る説明仮説を追求してきた。従来、生成文法で研究対象とされてきたのは
主に母語話者の言語知識であったが、1980 年代半ば頃に Lydia White らを中
心に L2 文法研究にも応用されるようになり、L2 のメカニズム解明に重要
な貢献をしてきた。生成文法を理論的基盤とすることで前章で述べたよう
な L2 研究が抱える問題がすべて解決するわけではなく、本章ではあくまで
一言語理論を基盤にしたアプローチを紹介するにすぎない。しかし、本章で
みていく現象の多くは、生成文法をはじめとするなんらかの言語理論に基づ
いてはじめて観察や説明が可能になるものである。また、前章で述べたとお
り、生成文法は、理論の明示性を重視して反証可能性の高い仮説を提示して
きたため、生成文法を基盤とする L2 文法研究における仮説形成においても
重要な役割を果たしてきた。本章では、生成文法が L2 文法研究において、
現象の発見並びに説明仮説の形成のなかでどのように役割を果たしてきたの

かを概観する。

2.　生成文法の基本的な考え方

2.1　生成文法と UG

　生成文法（generative grammar）という用語において、「生成（generative）」
とは、「明示的（explicit）」であること、「構造記述（structural description）を
付与すること」を意味する（Chomsky, 1965）。「生成する」とは、文に明示
的な構造記述が与えられることを言い、ある文が諸条件を満たし、文法に含
まれる規則群によって明示的な構造記述が与えられるとき、その文が文法的
であるという。文法に含まれる規則群は、人間の言語知識を記述・説明する
陳述であり、「文法（grammar）」とは、人間の言語知識を特徴づける陳述の
集合のことを指す（中村ほか, 2001）。

　人間は生まれながらにして人間言語の特徴、すなわち人間言語が取り得る
可能な雛形についての知識を有している。換言すれば、人間には言語を獲得
する能力が遺伝的に備わっているというのが、生成アプローチの基本的な考
え方である。そのような、遺伝的に決定され言語一般に見られる共通の特徴
についての知識は言語機能（language faculty）とよばれ、言語機能を特徴づ
けた理論は普遍文法（Universal Grammar: UG）とよばれている。そして、遺
伝的に備わっている言語知識の理論である UG は、同時に、いかなる言語経
験にも先立つ言語機能の初期状態（initial state）に関する理論のことでもあ
る。ある特定の言語の獲得は、UG の諸原理が言語経験（インプット）と相
互作用することを通して行われる。すなわち、言語機能とは「言語獲得装置
（language acquisition device, LAD）」のようなものであり、言語経験の総体
を入力として、特定の言語の知識へと変換する関数のようなものであると考
えることもできる（Chomsky, 1986: 52）[1]。

1　言語データの提示順序が異なっても獲得される知識体系には実質的に個人差が見られな
　いことから、言語経験の総体を入力と考え、言語獲得は即時に（instantaneous）に起こる
　と考えることもでき、これは即時学習仮説（the instantaneous learning hypothesis）とよばれ
　る。ただし、この主張を「言語獲得に発達段階は存在しない」と解釈するのは誤解であ

　子どもが得るインプットは量・質ともに非常に限られたものである一方、彼らはインプットから帰納的に導き出せないような豊かで複雑な言語知識を身につける。これは刺激の貧困（poverty of stimulus）とよばれ、言語獲得研究において解決すべき主要な課題となっている。言語獲得において UG が機能すると考えると、子どもは生まれながらにして言語の雛形に関する知識を有しており、考慮すべき仮説群が有限個に制限されていることになり、言語獲得は格段に容易になると同時に、人間言語に存在しないようなパターンを最終的に獲得するような人はいないことが説明される（杉崎, 2015: 2）。UG は、言語間で共通する諸原理と、言語間変異を特徴づけるパラメータから構成されている。前者はどの言語においても遵守される原則であり、後者は、例えば wh 句が移動をするか否か等、言語間で異なる特性を指定する。このアプローチの下では、子どもは原理を獲得する必要はなく、インプットを受けてパラメータを設定していくことで言語獲得が進み、短期間のうちに獲得に成功する事実が説明される。

　（大人の）L2 習得については、母語獲得よりも話は少々複雑になる。L2 は、すでに母語を獲得している段階から習得が開始されるため、パラメータ値の「再設定」が必要となる。再設定には、新たに習得が必要になる項目だけでなく、L2 では不要な項目の削除なども含まれる。また、臨界期・敏感期を過ぎてからの言語習得において、どの程度 UG のような生得的資質へのアクセスが可能であるかという問題も生じる[2]。本章では、生成文法が SLA のメカニズム解明においてどのような役割を果たしてきたかを概説し、L2 文法における生得的資質の役割について論じる。そのなかで、第 2 章で指摘されてきたどのような問題点が解決されるかを示し、また解決されない点

　る。Chomsky は発達段階の有無には言及しておらず、当該仮説の反例となるのは、言語データの提示順序が異なれば、結果として獲得される知識体系が異なるという証拠である。

2　SLA 研究においては、UG や LAD という理論について独自解釈に基づく誤解がしばしば見受けられる。例えば、「L2 習得において UG・LAD が働くならば、どの文法項目も習得可能なはずである」といった言明が挙げられる（White, 2014 参照）。UG・LAD はあくまで言語獲得において必要条件であり、十分条件ではなく、習得の成功を保証するような理論ではない。

について批判的に論じる。

2.2 文法の構造と文の派生

　生成文法では、文の派生は、(1) のように、まず語や素性 (feature) など、統語派生に必要な要素が貯蔵されているレキシコンから、文の形成に必要な要素を選択し、列挙することから始まり、様々な統語演算が適用（後述）されて構造が構築され、意味・音声インターフェイスにそれぞれ転送され、意味・音声解釈が施される (Chomsky, 1995, 2000, 2001, 2013, 2015 ほか)。

(1)

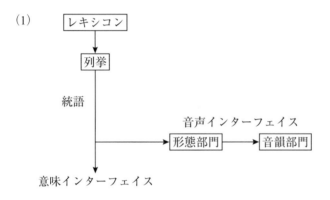

　レキシコンには、cat や hit といった語だけでなく、素性 ([singular] や [past] 等に加え、N や V などの範疇素性）が貯蓄されている (Chomsky, 1995)。これらの統語要素は、併合 (Merge) という演算によってより大きな統語要素となり、移動 (Move) や一致 (Agree) といった統語演算を経て、意味・音声インターフェイスで解釈可能な構造を作り出す (Chomsky, 2000, 2001)。まず、以下で the cats という名詞句（正確には、限定詞句）を例にとって統語派生の手順を説明する[3]。最初に (2a) のように、cat が NP を形成し、次に (2b) のように、[plural] 素性をもつ Num(ber) が NP と併合し、より大きい統語要素 (NumP) ができあがる。最後に、[definite] 素性をもつ D(eterminer) (the) が NumP と併合して DP が形成される。英語の NP は Num 素性を

3　紙幅の都合上、後の議論で問題とならない事項は割愛する。生成統語論に馴染みがない
　読者は Radford (2016) などを参照されたい。

もたなければいけないため、NP は Num 素性を求めて Num 主要部に移動（Move）する（2c）。これらの統語演算を経て、the cats という句が形成される。

(2) a.

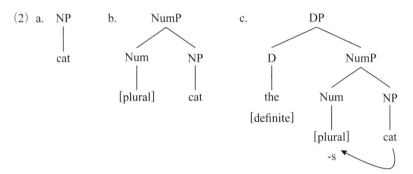

動詞句以上のレベルの派生を見ると、生成統語論で仮定されている統語演算の重要性がより明瞭になる。Cats eat fish. という文の派生を考えよう。動詞句（VP）は事象内容を表す句で、事象の参与者（動作主、動作の対象等）は VP 内で併合を受ける。動作主 cats は動詞の外項として VP 指定部位置に生成され、動作の対象 fish は動詞の内項として VP 補部位置に生成される[4]。

(3)

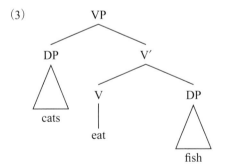

　VP が形成されると、次に時制や一致（agreement）に関する TP（Tense Phrase）が構築される。TP では、その主要部に時制素性（[tns:＿]）や一致素性が現れ、指定部には主語の移動が求められる。

4　三角の図は、内部の詳細な構造を省略していることを表す。

(4)

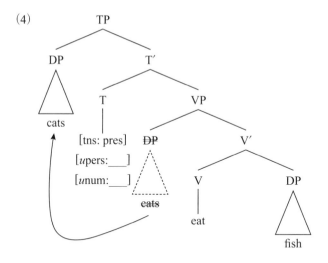

一致素性とは、[*u*pers:___]、[*u*num:___] と表記してある素性で、*u* は解釈不能性（uninterpretable）を意味する。解釈不能素性とは、値をもたずにレキシコンに入っている素性であり、値未付与のためそのままでは意味解釈ができない（Chomsky, 1995）。そのため、統語派生のなかで person や number 素性の値をもつ要素、すなわち名詞句から値を受け取らなければならない。（5）に示すように、T にある解釈不能素性は値を求めて構造内を探索（probe）し、指定部位置にある名詞句の素性値（[pers: 3]、[num: pl]）を見つけると値付与が行われる（Chomsky, 2013）[5]。これが生成文法における一致のメカニズムである。また、名詞句が T と一致すると主格（nominative Case）を付与される。

5　Chomsky（2000, 2001）などでは、探査は、探査子が構造上 C 統御をしている要素に対して行うというメカニズムが提案されている。本章では詳細な議論は行わない。

(5)

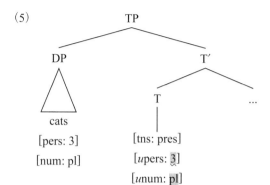

　TPはさらに節タイプ（例えば、平叙文 [declarative]、疑問文 [interrogative] 等）を決定する C と併合され、C′ を形成し、文が構成される。

(6)

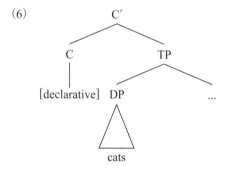

平叙文の場合は、CP の指定部には顕在的な要素は現れないが、wh 疑問文の場合（*What did cats eat?*）には、C 主要部は解釈不能素性（ここでは [Q:＿] と呼んでおく）をもち、wh 句は CP 指定部に移動する。

(7)

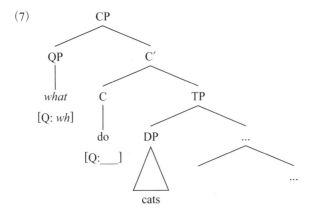

　(1) に示したように、文構造が構築されると、意味および音声インターフェイスに転送されて解釈を受ける。音声インターフェイスでは形態・音韻的調整が行われる。まず、形態部門で、T主要部にある（解釈不能）素性の集合がVに降下される（Chomsky, 1957）。結果としてVには素性の束が付加され、形態素挿入規則が適用される。

(8)　V [tns: pres, *u*pers: 3, *u*num: sg] ↔ -s/V___

そして、音韻部門で音韻規則が適用され、最終的な具現形が決定される[6]。
　このように生成文法では、文は、まずレキシコンから語や素性を取り出すことから始まり、移動や一致などの統語演算を経て、インターフェイスで意味・音声解釈を受けるという手順を辿ることで派生されると考えられている。また、この過程でDPやTP、CPなどの機能範疇や（解釈不能）素性が重要な役割を果たしている。次章では、生成文法に基づくSLA研究（以降、GenSLAと略す）の説明範囲と目標について述べ、その後にGenSLAが実際に行ってきた研究の一部を紹介する。

6　形態・音韻操作の詳細については、Halle and Marantz（1993）、Harley and Noyer（1999）、Embick and Noyer（2007）等を参照。

3. 生成アプローチの説明範囲と目標

　GenSLA の主たる目標は、L2 の心的文法の解明であり、SLA に関わるすべての側面をその説明対象と考えているわけではない（White, 2003a, 2014）。2 節で見たように、UG とは原理とパラメータ等の少数の道具立てによって人間言語に制約を与える理論であり、UG が L2 文法で UG が（どの程度）機能するかというのが、GenSLA の根本的な問いのうちのひとつである。GenSLA の L2 文法の特性に関する研究は、1960 年代に提案された中間言語仮説（Adjemian, 1976; Selinker, 1972: Corder, 1967 も参照）にその起源をもち、（特に初期の）GenSLA では、L2 がどの程度人間言語の特性を示すのか、すなわち、L2 の習得はどの程度人間言語の制約を遵守するのかという問題について研究してきた（White, 2003a）。

　一方、例えば、生成文法や UG といった概念は、L2 の使用や発達、変化には（直接は）関係がない。生成文法を応用した研究では、異なる発達段階における横断的な学習者の知識の記述・説明は可能であるが、文法変化や発達のメカニズムといった側面を扱うには、独立した理論体系が必要である（例えば、Carroll, 2001; Gregg, 1996; Truscott & Sharwood Smith, 2004 などを参照）。また、SLA 研究では、一般的にインプットの役割が重要視されており、例えば、GenSLA はしばしば学習者が受けるインプットを度外視していると批判される（Rankin & Unsworth, 2016 等を参照）。しかし、そもそも GenSLA が主に研究対象としてきた多くの現象は、言語学者でなければ出くわさないような文（特に、教室環境などで誤りであると教わることがないような非文法文）や抽象的な文法特性であり、（母語話者であっても）インプットとして受けることがないようなものが多い。GenSLA でよく引き合いに出される（9a）のような文を考えよう。（9a）では、who はそれと同一の対象を指示する his を越えて文頭に移動しているが、これは弱交差（weak crossover）とよばれる違反である。（9b）のように、who が同一指標の his を交差しなければ弱交差効果は生じない。英語母語話者であってもこのような対比に出くわす機会は稀であり、メタ的知識も有しないが、彼らは（9a, b）の対比に敏感である。

(9)　a. Who$_i$ does his$_{*i}$ mother love___$_i$?

　　b. Who$_i$ ___$_i$ loves hisi mother?

また、母語の対応文でそのような対比が見られなくても、L2学習者は（9a, b）の対比を正しく判断できることが報告されている（Umeda, 2006）。このような刺激の貧困現象を説明しようと試みるとき、話者または学習者は（9a, b）のような対比を見聞したことがないため、インプットは（少なくとも単独の）説明項にはなりえない。したがって、習得のメカニズムの解明には、インプットに依拠しない知識の習得に対する説明が必要なのである。ただし、GenSLAがインプットを軽視しているアプローチであるという言明は誤解であることには注意されたい。UGは人間言語として可能なフォーマットを提供するが、インプットがなければ（十分には）機能しない。逆に、多量のインプットが与えられても十分に制限されたフォーマット（UG）がなければ無数の可能性を考慮する必要があり、言語習得はうまく進まない（Yang, 2002, 2004）。このような背景から、GenSLAでは、UGとインプットがどう相互作用するかという問いについても検討されている（Yang, 2018; Yang & Montrul, 2017 ほか）。

　1990年代後半になると、GenSLAはUGの利用可能性という問題を超えて、L2文法の初期状態や最終到達地点といった問題も取り組まれるようになり、近年でも重要な問題として扱われている（Hawkins & Chan, 1997; Hawkins & Hattori, 2006; Lardiere, 1998a, 1998b, 2007; Schwartz & Sprouse, 1994, 1996, 2000, 2021; Tsimpli & Dimitrakopolou, 2007; Vainikka & Young-Scholten, 1994, 1996; Wakabayashi, 1997, 2021 ほか）。1節で述べたとおり、母語獲得においてはUGが初期状態を成すが、L2習得ではすでに母語を習得した段階から習得が開始されるため、二者の間では初期状態が異なる。L2習得の初期段階では母語をコピー（母語の特性を完全転移）すると考えるのが、補助仮説を要しない最もシンプルな仮説であるが（Schwartz & Sprouse, 1994, 1996, 2021）、母語で使っていたUGの特性の一部（例えば、TP、CPなどの機能範疇）は初期では使えないとする仮説もある（Hawkins, 2001; Kimura, 2013; Vainikka & Young-Scholten, 1994, 1996; Wakabayashi,

1997, そのほかにも Westergaard, 2021 等も参照）。また、L2 において UG の特性すべてが機能するという保証はなく、言語間変異が見られるパラメータ特性（例えば、wh 移動や主語移動を駆動する解釈不能素性）の一部は臨界期・敏感期効果等によって利用できなくなっている可能性もある（Hawkins & Chan, 1997; Hawkins & Hattori, 2006; Tsimpli & Dimitrakopoulou, 2007; Tsimpli & Roussou, 1991 等）。こういった発展的問題も GenSLA の主要な研究対象である。次節では、GenSLA 研究の具体例を紹介していく。

4. 生成文法に基づく第二言語メカニズム研究

　生成文法研究は現象の記述力および説明力に長けた言語理論を提示しており、L2 メカニズムの解明に貢献してきた。本章では、まず、UG が L2 習得で果たす役割に関する研究を紹介した後、生成文法の枠組みを応用することで可能になる精度の高い記述・説明を例示する。この中には、生成文法のように抽象的なメカニズムに関する理論的装置がないと記述・説明が難しいと思われる現象のほか、屈折形態素の脱落のような、様々なアプローチによって幅広く論じられてきたような現象に対する GenSLA 独自のアプローチの紹介なども含まれる。章の最後には、最近の GenSLA の動向や残されている問題点にも触れる。

4.1 UG による制約

　生成文法が SLA 研究に応用され始めたのは 1980 年代中頃であり、当初から 90 年代にかけて、「母語獲得と同じように SLA でも UG は機能するか」という問いの検証が盛んに行われた。すでに述べたように、UG は母語獲得においては初期状態であり、これが人間言語のシステムとして可能な仮説群を十分に制約しているために短期間での言語獲得が可能になる。SLA の場合、前述のとおり、母語獲得とは異なり、すでに母語を獲得している段階から習得が始まるため、一般的には、母語が初期状態を成すと考えられている（Schwartz & Sprouse, 1994, 1996; White, 2003a）。つまり、L2 における UG の主な役割のうちのひとつは、L2 を習得する過程においても、人間言語で

許容される仮説群によって文法構築に制約を与えることである[7]。また、UG
利用可能仮説を検証するうえで重要なのは、検証対象となる現象に関する知
識が母語に存在しないこと、そして、それが観察可能なインプットから帰納
的に導けないようなものであることである。

　前述したように、子どもが言語獲得に成功する要因のひとつとして、UG
によって可能な仮説群が限定されていることが挙げられる。すなわち、UG
が人間言語において可能なフォーマットを提供しているが故に、論理的に可
能なすべての可能性を考慮する必要がなく、子どもは与えられた有限個の
仮説群からインプットに合うものを選択すればよい。例えば、(10a) のよう
な平叙文から疑問文を形成するとき、can_1 か can_2 かのどちらかの助動詞が
文頭に前置されなければならない。文頭から線的に最短距離にある助動詞
は can_1 であるが、これを前置すると (10b) のように非文法的になる。一方、
(11) に示すように、can_1 は構造上名詞句内の深い位置に埋め込まれており、
文頭への構造的距離は can_2 のほうが can_1 よりも近い。(10c) に示したとお
り、文法的なオプションは最短の構造的距離を取る can_2 の前置である。

(10) a.　[[Eagles that **can_1** fly] **can_2** swim].
　　 b. *[**Can_1** [eagles that ___ fly] **can_2** swim]?
　　 c.　[**Can_2** [eagles that **can_1** fly] ___ swim]?

(11)　[$_{TP}$ [$_{DP}$ eagles [$_{CP}$ that [$_{TP}$ can_1 [$_{VP}$ fly]]]] can_2 ...]

このように、人間言語では、線的距離でなく階層構造的距離による制約を
遵守する[8]。このような構造依存的特性に制限されることで、子どもは線的距
離を考慮する必要がなく、効率的に言語獲得を進めることができる（母語習

7　UG は制約を課すだけでなく、抽象的な特性の習得を可能にしたり、新たな文法規則を
　取り入れた際に生じるシステムの不具合を修正したりする役割もあるという主張もある
　（例えば、Sharwood Smith, 1988a, 1998b; Kimura, 2022）。

8　この特性は移動が関与する構造すべてに見られるだけでなく、語順決定や意味解釈の際
　にも見られる、極めて一般的なものである。Chomsky, Gallego, and Ott（2019）のほか、
　Radford（2016）等の入門書を参照のこと。

得が構造依存性に制約されている証拠については、Crain & Nakayama, 1987; Crain & Thornton, 1991, 1998 等を参照)。

　L2 学習者が UG の制約を受けるならば、構造的距離に基づく規則を遵守するはずである。これに関連して、若林・山崎 (2006) が興味深い研究結果を報告している。(12a) と (12b) を比較すると、主語と動詞の間に、(12a) では often という頻度副詞が、(12b) では with the blue eyes という語数・音節数ともに長い前置詞句が介在している。主語 DP と T の線的距離は (12b) のほうが (12a) よりも長く、主語 DP と T の構造的距離については (13) に図示するように、(12a) のほうが (12b) よりも長い。

(12) a. The student *often* eats tomatoes.

　　 b. The boy *with the blue eyes* speaks Japanese.

(13) a.

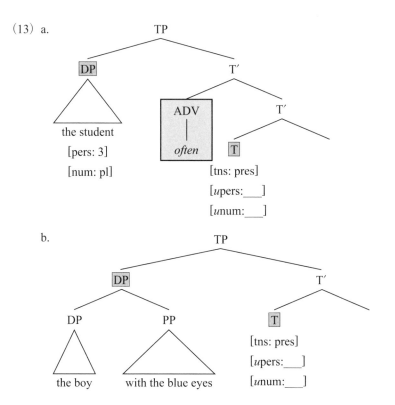

若林・山崎（2006）は、日本語が母語の大学生 32 名を対象に口頭和文英訳による誘引産出タスクを行った。ターゲットとなる文はすべて現在時制で、三単現の -s が正しく産出されるかが焦点であった[9]。産出データ分析の結果、（12a）のような頻度副詞が介在している場合の三単現 -s の供給率は 40％程度にとどまった一方、（12b）のような前置詞句が介在している場合は 70％程度の産出が見られた。この結果は、構造的距離は L2 文法に影響がある一方、線的距離は影響を及ぼさないことを示している[10]。したがって、L2 文法も人間言語において可能な仮説群のなかで構築されていることが示唆される（O'Grady, 2002 の関係節の研究等も参照）。

　また、1980–90 年代には、より具体的な UG の原理が SLA において機能するか活発に検証が行われた。そのうちの代表的研究として、Kanno（1996）を紹介する。Kanno は、日本語が初級レベルの英語母語話者を対象に、日本語の格助詞脱落の知識を調査した。日本語は英語と異なり、「が」「を」などの格助詞によって格を標示する。日本語の格助詞は脱落が可能であるが、脱落の可否はランダムでなく、体系的に決まっている。（14a）に示すように、対格「を」は脱落可能であるのに対し、（14b）のように、主格「が」は脱落が許されない[11]。

（14） a. 田中さんは {何を/∅} 読んだの？

　　　 b. {誰が/*∅} 本を読んだの？

紙幅の都合上、詳細は割愛するが、生成文法理論では格助詞の脱落の可否は空範疇原理（Empty Category Principle）という UG の原理によって説明されている（Fukuda, 1993）[12]。すなわち、対格標示が脱落しても UG 原理違反には

9　この他にも、様々なタイプを検証しているが、議論の簡潔化のため、ここでは（12a, b）の 2 つに絞って紹介する。

10　一致における構造的並びに線的距離の影響について、若林・山崎をさらに発展させた研究として、Yusa et al.（2014）がある。

11　主格目的語では主格を脱落させることができるため、「主語につく格は脱落できない」としたほうが正確かもしれない。しかし、ここでは原著に沿った表記で統一しておく。

12　空範疇原理は 80、90 年代には主要な UG の原理としての役割を担っていたが、近年の理論ではより一般性の高い原理に還元されている（Chomsky, 2015）。

ならないが、主格標示の脱落は UG 原理の違反を引き起こすため、非文法的
である。

　Kanno はこの論理に基づき、L2 習得で UG の原理（ここでは、特に空
範疇原理）が働くならば、英語を母語とする日本語学習者は、母語に格助
詞がなくても（14a, b）のような対比に敏感であるはずだという仮説を立て
た[13]。Kanno は、大学で日本語を勉強し始めたばかりの初級レベルの英語母
語話者を対象に、（14a, b）のような文を含む刺激の 3 段階（1: unnatural, 2: in
between, 3: natural）容認度判断タスクを実施した。日本語母語話者および L2
学習者の平均容認度は以下の表のとおりであった。日本語母語話者グループ
のみならず、L2 学習者グループについても、主格脱落は「不自然」である
と正しく判断しており、対格脱落タイプとは統計的に有意な差が見られた。

表 1. Kanno（1996）の実験結果（p. 324, 一部改変）

	日本語母語話者	第二言語学習者
主格脱落	1.34 ↑	1.71 ↑
対格脱落	2.73 ↕	2.49 ↕

この結果を受けて、Kanno は L2 習得においても空範疇原理などの UG の原
理が機能しており、L2 文法は自然言語の制約に従っていると主張した。

　これらの研究結果から言えることは、L2 学習者はインプットにない抽象
的な知識を有しているが、その出どころ（のうちのひとつ）は UG であり、
UG が L2 文法に制約を与えることで、L2 学習者は人間言語として可能な範
囲で L2 文法構築を行っているということである（その他の証拠については、
Kanno, 1997, 2000, Pérez-Leroux & Glass, 1999; Dekydspotter et al., 1997, 1998,
Ionin et al., 2004 等を参照）。

4.2　詳細な文法知識の記述と予測

　生成文法は個々の言語についても詳細かつ抽象的なレベルで記述を提供し

13　実験に参加した学習者たちは、日本語習得の初期段階であることに加え、格助詞脱落
　　に関して体系的な指導は受けておらず、明示的な知識はないはずであると述べている。

ているため、単純な表面上の母語－L2の比較ではなく、どの特性が転移されているかといった問題に対しても詳細な予測・記述を行うことができる。また、母語からの転移にとどまらず、母語にもL2にも見られない中間言語（Selinker, 1972; Adjemian, 1976）の特性についても、記述・説明を提供する。以下では、生成文法（をはじめとする言語理論）なしでは記述・説明が難しいと思われる現象を紹介する。

統語分析

　まず初めに、母語話者の統語知識を研究する統語論の手法を簡単に説明する。先に示した統語派生は導入的な内容であるが、実際に生成文法研究者が文の派生を研究する際には、様々な統語テストを用いて検証を行う。GenSLAでも基本的な手法は共通しているため、ここで統語分析法について簡単にみる。

　まず、（15）のようなwh疑問文を例にとって考える。

（15）What do you think that Bill hit___?

（15）のような文がどのように派生されるか考えたときに、すぐに思いつく可能性のひとつは（16a）のように文頭にwhatを挿入し、埋め込み節内の目的語位置となんらかの手段でリンクさせる手段だろう（ここでは、「なんらかの手段」は、非顕在的な再述代名詞（resumptive pronoun）*pro*の存在による代名詞束縛であると仮定しておく）。もうひとつは、whatは埋め込み節内の目的語位置に生起し、その位置から文頭に移動させる手段（16b）である。

（16）a. What$_i$ do you think that Bill hit *pro*$_i$?
　　　b. What$_i$ do you think that Bill hit ___$_i$?

　生成文法ではこのようなふたつの可能性をどのように検証するのだろうか？　移動の有無の検証手段として、再起代名詞を用いたテストがある。（17）のように、himself/herselfなどの再起代名詞は、先行詞より構造上低い位置にないと正しく束縛されない。

(17) a.　John_i loves himself_i.

　　 b. *Himself_i loves John_i.

　　 c.　John expects himself_{*i} to love Tom_i.

これを踏まえて、(18) の文を考えよう。(18) では、(17b, c) と同様、himself
が先行詞の John よりも構造上高い位置に現れている。仮に wh 疑問文が
(16a) の手段で派生されているならば、(17b, c) と同様に、himself は John
よりも高い位置に生起しているため、事実に反して (18) は非文法的である
と誤って予測してしまう。

(18)　Which picture of himself_i does John_i love＿＿？

一方、(16b) のように、wh 句がもともとは目的語位置に生起していると考
えると、(19) のように、himself は John に正しく束縛される段階があり、
(18) の文法性を正しく説明できる[14]。

(19)　does John_i love *which picture of himself_i*?

ここで鍵となっているのは、移動元に戻れるならば移動が起こったことの強
い証拠になるという考えである。また別のテストとして、移動に課せられる
条件に関するものがある。移動は自由に適用可能なわけではなく、UG の原
理のひとつである島の制約 (island constraints)（Ross, 1967）によって適用制
限を受ける[15]。島には複数の種類があるが、例えば、(20) のような複合名詞
句の島というものがある。同格 that 節は複合名詞句の島を形成し、この内
部からの要素の抜き出しは禁じられる。wh 疑問文形成が移動によって行わ

14　説明の簡潔さのため深くは立ち入らないが、ここには隠れた仮定がある。まず、(16a)
　　のような手段をとった場合、wh 句が pro の位置で解釈されれば himself が正しく認
　　可されるように思われるが、そのような方法によって再帰代名詞は認可されない
　　（Takahashi, 2019 等）。また、(16b) のような手段の場合、移動後の構造では再帰代名詞
　　は認可されないはずである。再起代名詞の認可のタイミングについては膨大な量の研
　　究があり、それらを参照されたい（Barss, 1986; Quicoli, 2008; Hicks, 2009）。

15　正確にいうと、島の制約自体は記述的（すなわち被説明項）であり、島の制約を生み出
　　す大きな UG の原理（説明項）が存在する。これについては膨大な数の研究が行われて
　　おり、興味のある読者はそれらの文献を参照されたい。

れているならば、（20）は非文になると予測される。一方、（16a）のように移動を介さずに wh 疑問文が形成されるならば、要素が島を越えることはなく、（20）は文法的であると予測される。事実としては、（20）は非文法的であり、移動仮説の予測と整合する。

（20）　*What do you believe [the claim that Bill hit ___]?

他にも移動による意味解釈の影響等、様々なテストを通して、文がどのように派生されているかを記述し、一見すると不可解な現象に説明を与える手法が確立されている。

　上で説明した方法は、母語話者の言語知識の解明のために採用されているものであるが、GenSLA ではこれらの統語テストを応用して実験を行い、学習者がもつ知識の記述、L2 現象やメカニズムの解明を試みてきた。

wh 疑問文の第二言語習得

　Martohardjono and Gair（1993）や White（1992）は、wh 移動をもたない言語を母語にもつ L2 学習者は（20）のような wh 前置を wh 移動ではなく、（21）のように、wh 句を文頭に挿入し、埋め込み目的語位置には発音されない再述代名詞 *pro* をおき、wh 句がそれを束縛するという構造を仮定していると提案した。

（21）　What$_i$ do you think that John bought *pro*$_i$?

これを便宜上、再述代名詞仮説と呼ぶ。再述代名詞仮説の下では、前述したように、wh 移動仮説とは異なる様々な予測が立つ。まず、再述代名詞仮説は wh 移動を仮定しないため、移動を制限する島の制約に抵触しないと判断されるはずである。（22）のように、関係節は島を形成し、この内部からの要素の抜き出しは禁じられる。wh 疑問文形成が wh 移動によって行われているならば、（22）は非文と判断されると予測される。一方、wh 挿入と再述代名詞の使用によって wh 疑問文が形成されるならば、（22）は文法的であると判断されると予測される。

（22）*What do you know [the man who fixed _____]?

様々な研究者が（22）のような島からの抜き出しを、wh 移動をもたない中国語や韓国語、そして日本語を母語にもつ中級・上級英語学習者に対して容認度判断タスクを用いて検証を行ったが、実験結果はどれも学習者はwh 句の島からの抜き出しを強く拒否することを示した（Bley-Vroman et al., 1988; Johnson & Newport, 1991; Pérez-Leroux & Li, 1998; White & Juffs, 1998; Kimura, 2022）。この結果から、再述代名詞仮説の予測は支持されず、wh 句は移動によって前置されていることが示唆される。

　生成文法研究では、要素を前置・移動する操作にも様々なタイプが存在することが明らかにされており、それぞれ統語的・意味的な振る舞いが異なる。生成文法に基づく（L2）文法研究では、話者・学習者がもつ文法の記述は単に「要素を移動する」といったレベルにとどまらず、さらに「どのようなタイプの」移動を用いているかというレベルまで記述する。

　例えば、日本語では（23a）のように、wh 句は元位置にとどまるのが一般的であるが、（23b）のように随意的に文頭に前置させることもできる。

（23）a. 太郎はスーパーで**何を**買ったの？
　　　 b. **何を**太郎はスーパーで_____買ったの？

これは、wh 移動と異なる「かき混ぜ（scrambling）」とよばれる操作であり、英語の wh 移動とは異なる振る舞いを示す。まず、日本語の wh 前置は、（24）のような複合名詞句の島からの抜き出しを行っても完全に容認可能である（（24）に対して、「ハンマー」などと答えることができる）（Fukuda et al., 2022; Kuno, 1973; Nishigauchi, 1986; Tokimoto, 2019）。

（24）**何を**あなたは [太郎がスーパーで_____買ったという噂] を聞いたの？

一方、（25）のような付加詞の島から wh を抜き出そうとすると非文法的になる（Law, 2010; Tokimoto, 2019）[16]。

16　これらの容認度判断は、実証的にも検証・支持されている（Fukuda et al. 2022; Tokimoto, 2019 等を参照）。

（25）*何をあなたは [太郎がスーパーで＿＿＿買ったから] 怒ったの？

英語では、複合名詞句・付加詞の島からの wh 移動はどちらも禁じられている。

（26）a. ??What did you hear [the rumor that Taro bought ＿＿＿ at the supermarket] ?
　　　b. *What did you get angry [because Taro bought ＿＿＿ at the supermarket]?

すなわち、日本語の wh 前置はなんらかの移動によるものではあるものの、英語の wh 移動とは性質が異なる種類の移動であることがわかる。したがって、学習者が（22）のような関係節からの wh 抜き出しを拒否したからといって、彼らが英語の母語話者同様に wh 移動を用いているとは言い切れず、例えば、日本語の移動手段であるかき混ぜを代替手段として用いている可能性がある。かき混ぜ仮説に従うと、（24）のような複合名詞句の島からの抜き出しは容認され、（25）のような付加詞の島からの抜き出しは拒否されることが予測される。一方、wh 移動仮説によると、（26a, b）のようにどちらも拒否されることが予測される。Kimura（2022）が行った7段階（＋3：完全に容認可能、－3：完全に容認不可能）の容認度判断タスクの結果によると、中級レベルの習熟度の日本人英語学習者は、（26b）のタイプの文の平均容認値は－0.67 であったのに対し、（26a）のタイプの文は＋0.53 と大きな差が見られ、その差は統計的にも有意であった。この結果はかき混ぜ仮説の予測と合致し、彼らは wh 移動を習得できていないと考えられる。

　以上の議論をまとめると、中国語や韓国語、そして日本語を母語にもつ中・上級英語学習者は、島からの抜き出しを拒否することから、wh 挿入＋再述代名詞という手段ではなく、移動によって wh 疑問文を派生させていることが示唆される。さらに、島のタイプを比較した容認度判断タスクの結果から、中級学習者（ここでは日本語を母語にもつ学習者）は wh 移動を習得しているわけではなく、日本語にある移動手段に依拠していることが明らかになった[17]。このように、生成文法のような高い記述力・説明力をもつ

17　中国語を母語にもつ学習者の文法については、Hawkins & Chan（1997）、Kimura（2022）、Yuan & Dugarova（2012）などを参照。

理論を SLA 研究に応用することで、緻密な予測を立てたり、L2 学習者がもつ文法知識の特性を詳細に記述したりすることが可能になる（なぜ学習者がインプットにない抽象的な文法項目を習得できるのかという点については、Kimura, 2022 等の議論を参照）。

形態素の脱落

　上で見た例は、生成文法をはじめとする言語理論なしでは観察さえ困難と思われる現象であったが、以下では、言語理論に基づくアプローチに限らずSLA 研究一般で広く研究されてきた現象をみる。ただし、そのような現象においても、言語理論に基づくことで、（時に不正確な）記述的一般化にとどまらず、原理的な説明が得られることが期待できる。

　1970 年代から 80 年代に行われた形態素研究（Bailey et al., 1974; Dulay & Burt, 1974）によって、L2 学習者は産出において屈折形態素（例えば、-s や-ed）を頻繁に落としてしまうことが明らかにされた。GenSLA では、90 年代半ばから現在に至るまで、言語理論を応用してこの現象の説明に取り組んできた。生成アプローチによって主に取り組まれてきた主題は、欠陥が認められる部門—レキシコン、素性の列挙、統語、形態部門、音韻部門等（2.2節を参照）—の特定であり、言語理論を採用することで屈折形態素脱落現象の本質に迫ってきた。

　先述したように、生成統語理論では、屈折形態素は各部門において様々な演算を経て表層線上に現れる[18]。下に再掲するように、まずレキシコンに必要な素性を選択する段階がある。次に、レキシコンに含まれる素性（例：[person: 3]、[number: singular]、[tense: present]）を取り出して列挙（numerate）する必要がある（Chomsky, 1995, 2000）[19]。取り出された語や素性は統語部門

18　ここでは便宜上「部門」という語を使用するが、Chomsky（1995）が提唱する極小主義以降、部門やレベル（PF、LF）といった概念的必然性に適わない不要な概念は撤廃されていることに注意されたい。

19　Chomsky（1995）では、素性の列挙時に [T: 3]（T を 3 回列挙）というような計数機能が備わっていると仮定されているが、Chomsky（2000）では、語彙配列（lexical array）という、計数機能をもたないより中立的な概念が仮定されている。本章およびここで紹介する関連文献は「列挙」という用語を使用するが、意図しているのは後者の立場で

において併合・一致を経て、形態および音韻操作を受けて形態素が具現化される。

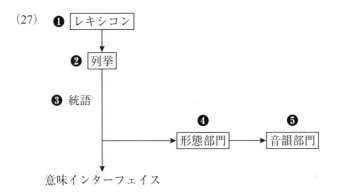

(27)　❶ レキシコン

❷ 列挙

❸ 統語

❹ 形態部門

❺ 音韻部門

意味インターフェイス

GenSLA では、これら 5 つの部門のどれに欠陥があるか検証・議論されてきた。以下では、まずそれらの仮説を簡潔に紹介し、それらの仮説について検討する。

　最初に、レキシコンに必要な素性が貯蔵されていない可能性を紹介する（Hawkins, 2004; Hawkins & Casillas, 2008; Hawkins & Liszka, 2003; Tsimpli & Dimitrakopoulou, 2007; Tsimpli & Roussou, 1991 ほか）。Hawkins & Liszka (2003) や Hawkins (2004) は、英語と同様、時制素性をもち、時制の屈折を示すドイツ語を母語にもつ英語学習者と、時制素性を欠く中国語を母語にもつ英語学習者による英語の時制形態素の産出率を比較した[20]。中国語を母語にもつ英語学習者が時制素性を習得できるならば、ドイツ語が母語の学習者群と同様に時制形態素を産出できると予測される。Hawkins and Liszka は英語が上級レベルの学習者を対象に誘引産出タスクの結果を行った。実験の結果、表 2 に示したように、ドイツ語話者は一貫して時制形態素を産出している一方、中国語話者の時制形態素の産出率は 6 割程度であった。このこ

ある。

20　Hawkins and Liszka (2003) では、ドイツ語、中国語に加え、日本語を母語にもつ学習者も実験に参加している。日本語母語話者からのデータも示唆的ではあるが、議論を簡潔にするためにここでは論じない。

とから、Hawkins and Liszka や Hawkins（2004）は、屈折形態素の脱落の一因として、素性習得に問題があることを主張している。

表2. 時制形態素の産出率（Hawkins & Liszka, 2003: 30: 一部抜粋）

	中国語話者 %	ドイツ語話者 %
屈折あり	62.5	96.3
屈折なし	37.5	3.7

　次に、上と関連して、統語に問題があるとする説について考察する。1990年代中期には、90年代初期に行われた母語獲得の研究（Radford, 1990等）の影響を受け、L2学習者が（ある発達過程において）下のようなTPを欠いた構造を構築している可能性（Hawkins, 2001; Kimura, 2013; Vainikka & Young-Scholten, 1994, 1996; Wakabayashi, 1997[21]）が提示された。

(28)

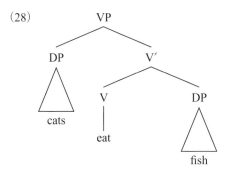

先述のとおり、英語母語話者の文法においては、屈折形態素は構造上VPの上に存在するTPの主要部にある素性が、Vに降下することで具現化される。すなわち、屈折形態素は統語上、TPと関与する現象と言える。統語に問題があるとする仮説は、特定の範疇（TP）の欠落を主張するものであり、形態素の脱落のみならず、それらに関連する現象にも問題が生じることが予

21　ただし、これらの研究者は、発達段階に応じて構築できる構造が拡張していく（VP → TP → CP）と主張しており、「L2学習者はすべての発達段階においてTP（やCP）を欠いている」と主張しているわけではないことに注意されたい。

測される。TP は主語―動詞の一致のほか、主語の義務性および主格付与においても役割を果たしており、TP が欠如していれば、主語脱落、そして主格付与の失敗が予測される。

　一方、この立場に対して、レキシコン・統語に欠陥を認めず、音韻・形態操作（上の (27) における❹や❺）に問題の所在を主張する立場が存在する（Goad, Steele & White, 2003; Goad & White, 2004, 2006, 2019; Haznedar & Schwartz, 1997; Lardiere, 1998a, 1998b; Prévost & White, 2000）[22]。この仮説では、統語の問題と屈折形態素の問題は独立して扱われ、欠陥は音韻・形態部門にのみ見られると考えられている。

　これら 2 つの仮説の妥当性を評価するうえで重要なデータが Haznedar and Schwartz（1997）、Lardiere（1998a, b）らによって提示されている。Haznedar and Schwartz（1997）は、Erdem と名付けられたトルコ語を母語にもつ 4 歳 3 ヶ月の英語学習者の発話データを 1 年半にわたって収集した。発話データ収集の中から、TP に関する現象である主語脱落と動詞の屈折に焦点を当てて分析を行った結果が図 1 である。

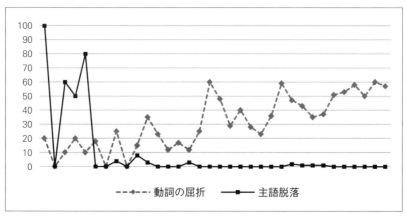

図 1.　Haznedar & Schwartz の結果（割合（%））
　　　（1997: 260–261, Figures 1 & 2 に基づき筆者作成）

22　厳密には、Goad, Steele, and White（2003）、Goad and White（2004, 2006, 2019）らの仮説では、屈折形態素に伴う問題は韻律構造に起因されており、Haznedar and Schwartz（1997）、Lardiere（1998a, 1998b）、Prévost and White（2000）らの仮説とは異なる。

分析の結果、主語脱落は初期段階のみに限られており、ある段階を境にまったく観察されなくなった。一方、動詞の屈折は一貫して供給率が低く、主語脱落の産出が止まっても高くなることはなかったという結果を報告している。

同様に、Lardiere（1998a）は、インドネシア生まれの中国語母語話者である Patty（22歳の時に渡米し、データ取集時点で10年間アメリカに滞在）のインタビューの録音データを分析し、屈折形態素脱落が、TP に関する現象である主格標示と相関があるのか調査した。表3と表4に示したとおり、過去形形態素の産出率は33–35%程度にとどまっている一方、主格標示は100%正しく産出されていた。

表3. 過去形形態素の産出結果（Lardiere, 1998a: 16）

録音番号	産出数 / 過去形の文脈の総数	%
1	24 / 69	34.78
2	191 / 548	34.85
3	46 / 136	33.82

表4. 主格標示の産出結果（Lardiere, 1998a: 18）

録音番号	産出数 / 主格の文脈の総数	%
1	49 / 49	100
2	378 / 378	100
3	76 / 76	100

Lardiere（1998a）のデータは、屈折形態素脱落が主格標示の産出とは関連がないことを示している。

Haznedar and Schwartz（1997）と Lardiere（1998a）のデータはどちらも、屈折形態素の脱落現象と主語の義務性や主格標示といった TP に関する統語現象との間には関連がないことを示しており、屈折形態素の脱落現象は統語の問題とは独立した現象であることが示唆される。この議論に基づけば、L2学習者の屈折形態素の供給に伴う問題は、統語部門ではなく、（音韻・）

形態部門の問題に起因する可能性が考えられる [23]。

　ここで、屈折形態素脱落に関して、これまでの GenSLA ではまだ十分に考察されてこなかった可能性についても言及する [24]。L2 学習者にとって困難な課題なうちのひとつは、母語にない素性を新たに選択（習得）することであるが、素性が正しく習得されても、必ずしも当該素性を一貫して使える（構造に組み込むことができる）とは限らない。Wakabayashi (1997, 2009)、Shibuya and Wakabayashi (2008)、Wakabayashi et al. (2021) が行った主語・動詞一致に関する一連の研究では、素性をレキシコンからの選択する「列挙」のプロセス（(27) の❷参照）において一部の素性の選択が随意的であるために、学習者は屈折形態素脱落に対して敏感でない（または産出において屈折形態素が脱落してしまう）という可能性が論じられている [25]。

　Chomsky (1995) が論じているように、名詞句にとって人称は固有の特性であり、どの統語環境においても名詞句の人称が変化することはない。you はどの統語環境下においても二人称、airplane のような名詞は三人称であり、統語構造に組み込まれた後もこれらの値が変化することはない。一方、数については固有の特性ではなく、名詞句の数素性の値は、Num 主要部がもつ値によって変化する。数素性が [singular] の値をもてば名詞句は単数、[plural] の値であれば複数一致を示し、意味部門では複数名詞として解釈される。この性質から、Chomsky (1995) は、名詞句の人称は列挙されずとも

23　本章では、紙幅の都合上、音韻的問題は扱わなかったが、屈折形態素に伴う問題は、形態ではなく音韻（特に韻律構造）の問題である可能性は大いにある。分散形態論などの形態理論では、規則変化と不規則変化に対して異なる扱いをしないが、L2 学習者は過去形の産出において、不規則変化のほうが規則変化よりも過去形を正しく産出できることが知られている（Dulay & Burt, 1974; White, 2008 ほか）。White (2008) は、この事実は形態部門ではなく、韻律構造に基づく説明のほうが事実と整合すると論じている。

24　これまで、GenSLA 研究は上記のどの仮説が正しいか活発に議論してきたが、それらの仮説は相互排他的な関係にはないことにも留意されたい（若林ほか, 2018）。

25　以下で論じる Lardiere (2008, 2009) の素性再組立仮説も似た提案をしているが、両者の主張は少々異なっている。Lardiere は素性の現れ方の知識が定着するまでの段階で随意性が見られると論じているが、Wakabayashi は素性を列挙する段階において随意性が生じると主張する。両者は相反する主張ではないため、どちらの主張も正しい可能性もあるが、これはさらなる探究が求められる研究主題である。

名詞句に伴う固有（inherent）素性である一方、数はレキシコンから選択され
て列挙される必要がある（optional な）素性であると述べている。

　この理論的前提を採用すると、Wakabayashi の仮説の下では、人称素性の
一致は問題ないものの、数素性は正しく列挙がされず、主語動詞一致の際に
数素性の一致に失敗するケースが予測される。自己ペース読文課題において
は、主語動詞一致における数素性の不一致箇所を読んでも読み時間に遅れが
生じないことが予測される。Shibuya and Wakabayashi（2008）では、英語母
語話者と日本語を母語にもつ中級英語学習者を対象に、（29）の文（文法文
と非文をそれぞれ用意）における動詞および動詞直後の語の読み時間を計測
した[26]。

（29）a. 二人称単数主語

　　　　You eat/*eats a good meal for health every day.

　　　b. 三人称複数主語

　　　　The chefs cook/*cooks the shrimp in butter every time.

　　　c. 三人称単数主語

　　　　The child *speak/speaks a lot of English during dinner.

統計分析の結果、表 5 に示したように、英語母語話者はどのタイプでも非
文における動詞（または動詞の直後）の読み時間が文法文の対応箇所の読み
時間より有意に遅かった。対して、学習者は（a）二人称タイプでは非文の読
み時間が有意に遅かったが、（b）（c）の三人称タイプでは、文法文に対する
非文の有意な読み時間の遅れは確認されなかった。

26　原論文では、この他にも等位接続複数名詞句なども調査している。また、Wakabayashi
　　et al.（2021）では、三人称の名詞も代名詞に揃えて台湾語話者に対して似た実験を実施
　　し、同様の結果を報告している。

表 5. 非文法文と文法文の読み時間の有意差

タイプ	英語母語話者	学習者
(a)	*i	*
(b)	*	*n.s.*
(c)	*	*i（逆）

注：*i は参加者分析においてのみ有意差 (p < .05) あり、* は参加者、アイテム分析のどち
らも有意差ありであることを示している。また、学習者は (c) タイプにおいて、文法
文のほうが非文より有意に遅いという逆方向の結果になった。

　この結果は、学習者は [person] の不一致（二人称主語と三人称形態素）
には敏感である一方、[number] の不一致には敏感でないことを示唆する。
このような素性による差異は、Haznedar and Schwartz（1997）、Lardiere
（1998a）、Prévost and White（2000）らが主張する形態部門における問題では
説明がつかず、Wakabayashi らが主張するような素性の固有性・随意性によ
る列挙の失敗によって形態素脱落への敏感さに差が出る可能性がある[27]。
　このように、文法知識を構成する各部門の内容物が明示的に指定されてい
るような言語理論を応用することで、L2 学習者が問題を抱えるような部門
についても検証・特定が可能になる。英語の屈折形態素は明示的指導やイン
プット、卓立性など、様々な要因が関わるため（Goldschneider & DeKeyser,
2001）、言語理論単独で当該現象を包括的な説明を試みるのは困難だと思わ
れるが、そのような現象においても言語理論は重要な役割を果たすであろ
う。

4.3　中間言語と GenSLA
　第 1 章で触れたように、L2 学習者は母語とも目標言語とも異なる中間言
語（Adjemian, 1976; Selinker, 1972）を構築することが知られている。ここで
は、GenSLA が中間言語文法をどのように扱ってきたか概観する。
　中間言語という概念は生成文法と直接関連づけられるものではないが、両

27　また、形態部門の問題による説明は形態素の脱落は説明できる可能性があるが、過剰
　　産出（例：*The boys plays ...*）は予測されない。しかし、産出実験において、be 動詞（例：
　　The boy is play ...）や -s の過剰産出が見られる（Ionin & Wexler, 2002; White, 2003b）。

者は非常に親和性が高い。L2 習得の話に進む前に、母語獲得でよく知られ
ている現象を見てみよう。Crain and Thornton (1991, 1998, 2012) は、英語
を習得中の子どもが、次のような非文法的な wh 疑問文を頻繁に発すること
を、誘引産出タスクを通して観察した。

(30) a. ***What** do you think **what**'s in the box?

　　 b. ***Who** do you think **who** Grover wants to hug?

(Crain & Thornton, 1991: 333)

この例で興味深いのは、そのような二重 wh 配列は英語では許されないも
のの、ドイツ語、ハンガリー語、ロマ語などの言語やその方言では文法的
である点にある (Felser, 2001, 2004; Horvath, 1997; Kiss, 1991; Mahajan,1996;
McDaniel, 1989 など)。(31) の wh 疑問文はドイツ語の例である (Felser,
2001: 5, 一部改変)。

(31) **Wen** glaubst du　**wen** Maria ＿＿ getroffen hat?

　　 who think　 you who Maria　　 met　　 has

　　 Lit: 'Who do you think who Maria has met?'

(30) のような発話は英語では許されないため、インプットには見られない
はずである。また、そのような文は他の自然言語では文法的であることか
ら、子どもは自然言語で許される可能な仮説群の中にある、時にターゲット
と異なるオプションを試しながら母語を習得していくと考えられる (Crain
& Thornton, 1991, 1998, 2012)。

　GenSLA では、上のような子どもによる母語習得で見られる現象が SLA
でも観察されるという興味深い事実を発見してきた。上で見たような英語の
wh 疑問文の産出が、SLA 研究でも報告されている。すでに見たように、英
語の wh 疑問文では、wh 句は節の端に移動する。

(32) **Who** do you think Bill likes＿＿?

また、先に述べたように、日本語や中国語は wh 句を前置せずに wh 疑問文
を形成できる。日本語や中国語を母語にもつ英語学習者は、誘引産出タス

クにおいて、（33）のように wh 句を中間位置に移動させて文頭に虚辞の wh 句を置く、非文法的な配列の wh 疑問文を産出してしまう（Kimura, 2022; Wakabayashi & Okawara, 2003）。

（33）a. ***What** do you think **who** Bill likes ＿＿？

　　 b. ***What** do you think **what** is ＿＿＿ in the box?

　この中間 wh 現象は、学習者が母語とも異なる中間言語を構築する証拠である。ただし、このような中間 wh 現象は、「ドイツ語パターン」のようなシンプルな一般化で片付けることができない [28]。まず、実験を統制し、ターゲットの wh 句を who に限って wh 疑問文の産出を調査すると、ドイツ語の方言に見られる wen（who）が文頭と中間位置のどちらにも出現する種の wh コピー構文（34, 35）は、日本語が母語の学習者の英語では産出されない（Kimura, 2022）。

（34）**Wen** glaubst du **wen** Maria ＿＿ getroffen hat?

（35）***Who** do you think **who** Bill likes ＿＿？

さらに彼らは、ドイツ語などの言語（の方言）では見られないような（36）のようなタイプの誤りを産出する（Kimura, 2022; Wakabayashi & Okawara, 2003）。

（36）*Do you think **who** Bill likes ＿＿？

このような疑問文の産出から、学習者の文法がドイツ語（のパラメータ）の値設定によって形成されたものであると単純に結論づけることはできない。
　ここで、日本語の wh かき混ぜについて考えてみよう。日本語の wh かき混ぜでは、wh 句は（37a）のように文頭（主節の端）や、（37b）のように埋め込み節の端のどちらに移動することもできる。

28　再帰代名詞の SLA 研究では、Finer and Broselow（1986）、Hirakawa（1990）らが、最も広いパラメータ値をとる日本語や韓国語の話者が最も狭い値をとる英語を習得するときに、中間のロシア語の値をとると論じている。

(37) a. [誰を [あなたはビルが ＿＿＿ 好きだと] 思いますか]？

    b. [あなたは [誰を [ビルが ＿＿＿ 好きだと]] 思いますか]？

つまり、(36) の疑問文は、wh かき混ぜを転移させた結果生じた可能性が考えられる[29]。この可能性を支持する証拠として、Kimura (2022) は、(36) のような誤った疑問文を産出する学習者群は、島の制約違反文に対する容認度判断のパターンが wh かき混ぜ分析による予測と一致するパターンを示したことを報告している。Kimura の議論に従うと、学習者はドイツ語のパラメータ値を設定しているわけではなく、かき混ぜによって wh 句を移動させることで上のような誤りが産出されるということになる。

　母語の wh かき混ぜ操作を転移して英語の wh 疑問文を構築しているとすると、L2 における wh 現象は単に母語の転移で説明できてしまうように思われるが、実はそうではない。第一に、かき混ぜは随意的な操作であり、その適用は英語の wh 移動と違って義務的ではない[30]。

(38) あなたはビルが**誰を**好きだと思いますか？

しかし、Wakabayashi and Okawara (2003) や Kimura (2022) の産出実験では、(39) のような wh 元位置疑問文は 1 例も産出されず、学習者は英語の wh 疑問文における wh 句移動が義務的であるという知識を有していることが示唆される[31]。

(39) *Do you think Bill likes **who**?

　このように、統語論に基づく論考によって、日本語を母語とする英語学習者は、英語の wh 移動とも日本語の随意的かき混ぜとも異なる「義務的かき混ぜ」というオプションによって英語の wh 疑問文を形成している可能性

29　(35) のような例はさらなる考察が必要となる。詳しくは Wakabayashi and Okawara (2003) や Kimura (2022) を参照されたい。

30　英語でも問い返し疑問文 (echo questions) 等、wh 句が移動しない場合もあるが、日本語の wh 元位置疑問文とはその自由度において大きな違いがある。

31　Miyamoto and Iijima (2003) では、初級レベルの日本人英語学習者は、容認度判断タスクにおいて wh 元位置疑問文を容認したことが報告されている。

が明らかにされた。さらに専門的な議論をすると、「義務的かき混ぜ」とい
うオプションは自然言語には存在しない文法であり、これは生成アプロー
チに疑念を投げかける問題である（関連する議論として、Klein, 1995 などを
参照）。しかし、この事実は（直ちに）L2 における UG の介在を否定するよ
うなものではない。Sharwood Smith (1988a, b) や Kimura (2022) は、L2 学
習者が L2 のインプットを受けて新たな規則を取り入れた際、不完全な中間
言語表示に基づいたインプット分析によって、一時的に UG と一致しないよ
うな文法を構築する段階がある可能性を示唆している。しかし、Sharwood
Smith と Kimura は、UG にはそのような UG と整合しない文法を修正して
人間言語で認可されるフォーマットへと整形する役割があると論じている。
ここで注意されたいのは、生成アプローチは、必ずしも L2 習得のいかなる
発達段階においても UG が機能することを前提とするわけではないというこ
とと、L2 習得は母語獲得の場合と異なり、すでに母語の文法を有している
状態から習得が開始されるため、UG の働き方は母語獲得におけるそれと異
なる可能性があるという点である。Sharwood Smith や Kimura の議論が正し
ければ、L2 習得が UG と独立して起こるものではないことが示唆される。

　また、Klein (1995) は、そのような仮説は反証可能性に欠けると述べてい
るが、本仮説は、学習者が UG と整合しない文法を形成した場合に、UG に
よる整形（すなわち、明示的指導やインプットからの帰納によって導けない
類の知識の獲得）が起こらない事例の発見によって反証されるため、十分に
反証可能な仮説である（より詳細なメカニズムについては、Kimura (2022)、
Kimura & Wakabayashi (in prep.) を参照されたい）。

　こういった可能性は、言語理論を参照してはじめて浮上するものであり、
単に母語と目標言語の表面上の特性を眺めていても到達し得ない結論であ
る。また、そのような仮説は、先に見た wh 移動仮説や再述代名詞仮説など
と同様、反証可能な仮説であることもここで言及しておきたい。かき混ぜ
という統語操作の特性は、独立した様々な研究で明らかにされており、wh
移動等とも異なる振る舞いをすることで知られている（例えば、原田, 1977;
Hoji, 1985; Kuroda, 1988; Miyagawa, 2003; Saito, 1985, 1992, 2003; Yoshimura,
2017）。したがって、それらの知見を応用して、学習者が構築する wh 疑問

文がかき混ぜの振る舞いと一致するかどうかを調査すれば、仮説の検証を行うことができる。

4.4 GenSLA における諸仮説と反証可能性問題

ここまで、生成文法を基盤として研究することの利点を紹介してきた。一見して明らかなように、これらの研究では、第 2 章で指摘されてきたような、相関が近いものを集めて概念を作り、それをもとに理論を構築するという手順はとられていない。また、人によって想定しうる概念や現象への因果的連鎖が異なるといったことがなく、その定義が明示的であれば直感に依存しない概念も採択される。これにより仮説的概念の実在性や、反証可能性を高める工夫がなされている。一方で、GenSLA において提唱されてきた影響力がある仮説の中には、十分な予測力、検証可能性、反証可能性等をもたないものもある。

GenSLA 研究において最も引用されているうちのひとつが Bonnie Schwartz と Rex Sprouse によって提唱された母語完全転移・UG 完全利用仮説（Full Transfer/Full Access Hypothesis）（Schwartz & Sprouse, 1994, 1996, 2000, 2021）の一連の研究である。本仮説は、L2 習得の初期状態は母語を完全転移したコピーから成り、その文法で解析できないインプットに遭遇したときに文法が再構築されると提案している。また、いかなる発達段階においても UG にアクセスが可能であり、UG の助けを得ながら習得が進んでいく[32]。この仮説の主張に反するデータとして、まず考えられるのは初期段階で母語の影響が見られないというものだろう[33]。しかし、もしそのようなデータが得られたとしても（例えば、Kimura, 2013; Suda & Wakabayashi, 2007; Yuan, 2001,

---

32 この仮説は、単に L2 文法発達において母語の影響が減少していくと主張しているわけではなく、実際に Schwartz and Sprouse（1994, 1996）も観察したように、発達の途中過程で母語にも目標言語にも見られないような現象も観察されうる。また、前述のとおり、本仮説があらゆる文法項目が習得可能であることを主張するものではないことにも注意されたい。ある項目の習得において、インプットから得られないような証拠が必要な場合は習得ができない可能性もあることが原著でも触れられている。

33 本仮説の「UG 完全利用」という仮定は、現在ではほとんどの仮説が前提としているため、ここでは議論しない。

2004, 2022 ほか）、母語完全転移・UG 完全利用仮説は必ずしも反証可能ではない。なぜならば、母語の影響を示さなかった学習者は、すでに発達の初期段階を過ぎている、もしくは母語からの影響をすでに克服している可能性を排除できないからである（実際、Schwartz and Sprouse (1996: 44) ではそのような議論が展開されている）。本仮説を反証可能なものにするためには、初期状態・初期段階という概念を明示的に定義することが必要である。

　以下で紹介する複数の仮説は、母語完全転移・UG 完全利用仮説よりも重大な問題点を抱えている。まず、インターフェイス仮説について議論する。インターフェイス仮説は、Tsimpli and Sorace (2006)、Sorace and Filliaci (2007)、Sorace and Serratrice (2009)、Sorace (2011) らによって提唱された仮説で、統語と内部インターフェイス（意味、音韻、形態）におけるマッピングには問題がないが、統語と外部インターフェイス（語用、談話等）情報の統合（integration）は（上級レベルの習熟度であっても）困難であると主張する[34]。これまで GenSLA では、特に主要な課題であった統語知識や UG の利用可能性といった問題に主に着手してきたが、本仮説は統語と外部のインターフェイスという側面に注意を向け、L2 習得における変異性（variability）や随意性（optionality）の原因となる新たな可能性を見出した点で非常に価値が高い。しかし、仮説の陳述・形式については、科学的研究のあり方について疑問を投げかけざるを得ない。まず、本仮説は、主張の性質上、反証不可能に思われる。例えば、L2 学習者が統語と語用・談話情報の統合が必要な現象を容易に習得できたとしよう（Parodi, 2009; Slabakova & Ivanov, 2011 ほか）。インターフェイス仮説の提唱者である Sorace (2011: 26) は、そのようなデータはインターフェイス仮説の反例とならないと主張する。彼女曰く、インターフェイス仮説は、統語−語用・談話インターフェイスに関する項目の習得が不可能と主張するわけではなく、統語と語用・談話情報の統合は「最適な形で効率化されていない（"less than optimally efficient"）(Sorace,

---

34　彼女らの「インターフェイス」という用語の使い方には注意が必要である。詳しくは White (2011) を参照。

2011: 26)」と主張しているのだと反論している[35, 36]。この仮説は記述的一般化としての性質を有するものであり、アブダクションによって生成されたような説明仮説ではない（第2章参照）。インターフェイス仮説は、帰納法によって個別事例から全称的に拡張された推論に基づいており、反証事例に応じて調整を重ねてきた（Sorace（2011）による反論等を参照）、棄却されずに存続している仮説のうちのひとつである。この種の仮説は「否定されてもそれ [観察の前提条件] が同条件分だけ縮小するのみであり、コアな仮説を取り下げるまでには至らない」（本書, pp. 52–53）。これはまさにこの仮説において生じている事態であり、仮説の内容を「オフラインにおける行動ではなくオンライン上での処理」、「習得不可能ではなく最適な形で効率化されていない」と制限することでコアな仮説の棄却を免れている。第2章で述べたように、科学的な研究とは、正しいと思われる仮説を支持するデータを収集するだけでなく、正しくない仮説をできるだけ多く反証し、仮説の修正を繰り返すことで前進するものである（本書, p. 46）。インターフェイス仮説は、記述的一般化としては非常に興味深く価値が高いが、SLA が科学的研究として発展していくためには、反証可能な説明仮説を探究していくことも重要な課題である。

　ボトルネック仮説（Slabakova, 2008, 2013, 2014, 2016）についてもインターフェイス仮説と類似した問題がある。上で述べたように、1990 年代の研究で、統語の習得には一般的には大きな問題がないが、形態素の習得（一貫した産出）には持続的な問題が伴うことが示された（Haznedar & Schwartz, 1997; Lardiere, 1998a, 1998b; Prévost & White, 2000; White, 2003a, b; Zobl & Liceras, 1994）。本仮説は、その一般的事実を拡張し、統語に限らず意味などの習得も大きな問題なく起こる一方、形態素の習得は最も困難である（ボトルネックになる）と提案している。このアイディアは、習得のメカニズムの解明や形態素の問題に「説明」を与えるものではなく（すなわちアブダク

35　White（2011）は実験手法に着目し、オンライン実験かオフラインの判断実験か等、実験自体の性質に影響される点について指摘している。

36　この主張の下では、当該仮説がそもそも検証・反証可能であるかという点については大変疑わしい（Slabakova & Ivanov, 2011; White, 2011 らも参照）。

ションによって得られるような説明仮説ではなく）、記述的一般化にすぎない[37]。記述的一般化から生じる仮説と整合するデータをいくら集めても（例えば、Jensen et al., 2020 ほか多数）、もしくは反例となるデータを見つけても、説明仮説にたどり着くことはなく、理論が生まれることもない（第2章、米盛, 2007: 3 参照）。記述的一般化を提出することも重要な営みではあるが、L2 メカニズムの解明の探究のためには、異なる探究の論理を採用する必要があることを強調しておきたい。

　ここで、近年の GenSLA で最も注目を集めている仮説のひとつである素性再組立仮説（the Feature Reassembly Hypothesis）（Lardiere, 2005, 2008, 2009）についても言及しておきたい。本仮説は、1990 年代に仮定されていたパラメータ再設定（例：[＋wh movement] → [－wh movement]）といった道具立てでは、L2 現象を説明するには不十分であることを指摘し、素性の組み立て（並びに、組み直し）方、という観点から L2 現象を考えるべきであると主張する[38]。例えば以下の韓国語の wh 疑問文を考えよう。韓国語の wh 疑問文では、日本語や中国語と同様に wh 句の移動はない。韓国語では、mwues (thing) は、動詞接辞 (-nunci/-ta) によって解釈が決まる。

(40) a. con-un　meyli-ka　**mwues**-ul sa-ss　-**nunci** alko-iss-ta.
　　　John-TOP Mary-NOM thing-ACC buy-PAST -Q　know-be-DECL
　　　'John knows what Mary bought.'

　　b. con-un　meyki-ka　**mwues**-ul sa-ss　-**ta**　-ko alko-iss-ta.
　　　John-TOP Mary-NOM thing-ACC buy-PAST -DECL -that know-be-DECL
　　　'John knows that Mary bought something.'

(Choi, 2009: 354)

37　White (2003a) では、'syntax-before-morphology'という一般化が提示されている。

38　本仮説を前面に押し出して主張したのは Lardiere (2008) であるが、実際には同内容の主張は Lardiere の論文が出版される 10 年以上の時点ですでに明示的に主張されている（Hawkins & Chan, 1997: 216; Wakabayashi, 1997 も参照）。Lardiere はこの点について言及していないが、このアイディアを引用する際には、それらの研究に言及する必要があるだろう。

英語では、存在・疑問の力（[Q]）と [thing] というふたつの素性が *what* という wh 句を形成するが、韓国語では、*mwues* は [thing] の素性しかもたず、[Q] は動詞の接辞として *mwues* から離れた位置にある。

（41） a.

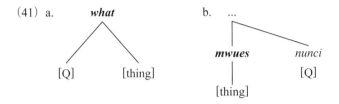

これらの言語は素性の構成が異なっており、英語を母語とする韓国語学習者は、*mwues* が *what* と違い、[thing] しかもたず、[Q] は動詞の接辞がもつというように、素性の構成が異なることを学ばなければならない。素性再組立仮説は、L2 学習者はまず、目標項目と母語に存在する意味や機能という観点から類似する語をマッピングさせ、インプットに基づき、必要に応じて素性再組み立て（feature reassembly）を行う必要があり、そのプロセスが L2 学習者にとって困難を伴うと提案している。上の場合、学習者は *what* を *mwues* とマッピングさせると考えられ、彼らは両者の素性構成の違いを習得しなければならない。

　このような場合における習得を説明するときに、[＋/－ wh movement] パラメータの再設定という道具立てでは不十分であり、素性再組立仮説が提起した問題は大変重要な貢献をもたらした。ただし、素性再組立仮説は、White（2009: 347）が指摘するように、L2 現象に事後的な説明を提案しているが、予測力を伴う仮説を提示できるか疑問である。例えば、どのような誤りが予測されるかは明らかではなく、素性を追加しなければいけない場合や削除しなければならない場合にはどのような予測が立つのかも不明である。また、なぜ素性再組み立てに成功（もしくは失敗）するのかといった点についても不明確である。肯定証拠によって習得が起こる可能性は考えられるが、素性の組み立て方といった抽象的な知識はインプットから導けないことはすでに多数の研究で論じられてきたとおりであり（Marsden, 2009; Kimura, *to appear* ほか、そのほか、Dekydtspotter et al., 1998; Hawkins, 2001;

Schwartz & Sprouse, 2000 などの議論も参照)、妥当性が高い回答には思われない。このように、Lardiere が提出したオリジナルの仮説は、素性の SLA について広範囲の記述ができるような形式をとっているが、事実に説明を与える仮説としては不十分である。より最近では、研究者たちが独立して仮説の精緻化を行い、素性再組み立て現象に関する様々な側面についても理解が深まってきているほか、説明仮説を探究する研究も行われ始めている (Cho & Slabakova, 2014; Gil & Marsden, 2013; Guo, 2022; Hwang & Lardiere, 2013; Kimura, 2022, *to appear*; Mai & Yuan, 2016; Slabakova, 2009; Umeda, 2008)。これらの研究路線がさらに進展し、記述を超えた説明仮説が提唱されることが期待される。

　一方、これらの仮説に対して、形態素習得現象に対して説明的仮説を提案している研究も存在する。Prévost and White (2000) や Haznedar and Schwartz (1997) が提唱する表層屈折欠落仮説 (the Missing Surface Inflection Hypothesis: MSIH) は、分散形態論 (Distributed Morphology, Halle & Marantz, 1993) という形態統語理論に基づき、学習者の形態素挿入メカニズムを提案している[39]。本仮説は、分散形態論を基盤とすることで、上記 3 つの仮説と大きく異なり、検証・反証可能な予測を複数立てることができる。分散形態論では、レキシコンは語や素性の貯蔵庫 (Pure Lexicon) と形態情報の貯蔵庫 (Vocabulary) に分散されており、形態情報は構築された統語構造の主要部に後から挿入 (Late Insertion) されると考えられており、統語構造を構築する段階では素性の束 (例：[3ps] [sg] [non-past]) がどの音形をもつかは指定されていない。統語構造が構築され、形態部門に送られると、(42) のように、音形の決定が行われる。このとき、母語話者の文法では、指定の多いもの (例：{tense $_{finite, non-past, 3ps, sg}$}) が先に参照され、指定された素性と不一致がなく、より指定的な形態が選択される。例えば、{play} + {tense

---

39　正確にいうと、屈折欠落 (Missing Inflection) というアイディアを最初に打ち出したのは Haznedar and Schwartz (1997) であり、表層屈折欠落仮説 (the Missing Surface Inflection Hypothesis) と名付けたうえで分散形態論を採用して具体的な提案を行ったのが Prévost and White (2000) である。Lardiere (1998a, b) も屈折欠落を支持しているが、彼女は音韻部門における素性から形態素への写像 (mapping) の問題であるとしており、Prévost and White の提案とは細かい部分で異なっている。

finite, non-past, 3ps, sg} という集合は *play-ed* の指定と一致しない（non-past vs. past）ため選択されず、次に指定的な *play-s* の指定とは不一致が存在しないため、*play-s* が選択される。*play* は非指定形（elsewhere form）として扱われ、より指定的な形が選択されなかったときに選択される（Bobaljik, 2002, 2012）。

(42) *play-ed*　　↔　　{play} + {tense $_{\text{finite, past}}$}

　　 play-s　　↔　　{play} + {tense finite, $_{\text{non-past, 3ps, sg}}$}

　　 play　　=　　非指定形（elsewhere form）

（Bobaljik, 2002: 53 改変）

Prévost and White（2000）はこの理論を L2 文法に応用し、L2 学習者は、処理記憶に大きな負荷がかかった際（例えば、スピーキングの場合）、適切な形態素選択に失敗し、非指定形を選択してしまうと提案した。この仮説は、様々な検証可能な予測を生む：i) 処理負荷が低い環境（例えば、時間制限のないライティング）では、非指定形の選択は少ない。ii) 英語等の言語の習得の場合、形態素脱落（＝非指定形の使用）が見られる一方、過剰使用（＝指定と一致しない指定形、必要以上に指定が多い形の使用）は見られない。iii) ドイツ語、フランス語等の言語の習得の場合は脱落ではなく、非指定形が多く選択される。iv) 規則変化－不規則変化間で違いは見られない、等である。表層屈折欠落仮説は検証・反証が可能な仮説であり、反証によって、様々な代替仮説が提案され、SLA のメカニズムの理解がさらに深まった（例えば、Goad & White, 2019; Hawkins, 2019; McCarthy, 2008; White, 2008 等）。この例は、（不可解な）事実に対して、原因を究明する説明仮説を立てること、そしてそれを検証・反証するという営みを通して、メカニズム探究が進展していくことを示している例であろう。

　まとめると、GenSLA（もしくは SLA 研究一般）の仮説の中にも、ボトルネック仮説やインターフェイス仮説、素性再組立仮説などのように、仮説提唱時には大きな記述的一般化を提示しておいて、後の実証実験の積み重ねによって主張と整合するデータをひたすら集める、もしくは反例に応じて仮説に修正を加えるといったものも存在する。しかし、その結果として、仮説の条件を制限することによって反証を逃れ続け、代替仮説がなかなか出現せ

ず、大きな理論の進展が見られないという事態を招いてしまっているように思われる。実際、上記 3 つの仮説はどれも約 15 年前に提唱されたものであるが有力な代替仮説は未だ提案されていない。一方で、表層屈折欠落仮説をはじめとする、「なぜ」に答えようとする説明仮説は、検証・反証を通じて、より良い説明が模索され続け、L2 メカニズム探究に大きく貢献してきた（因みに、表層屈折欠落仮説もまた、仮説の反証によって生まれた仮説である [40]）。観察が十分でない現象に対して記述的一般化を提出することにも価値があるが、分野の進展のため、メカニズムのより深い理解のためには、説明的仮説を提出することこそが当該分野研究者の重要な仕事であろう。そのなかで、より良い説明仮説を絶えず追求してきた生成文法をはじめとする言語理論を適切に応用して明示的な仮説構築を行うことが必要であろう。

5.　まとめと今後の展望

　生成文法に基づく第二言語習得メカニズム研究（GenSLA）は、明示的な文法理論に基づき、インプットや指導、一般問題解決能力等では説明できない現象に対して記述・説明を行い、独自のアプローチで SLA における文法のシステムの解明を試みてきた。

　本章で論じた内容を以下にまとめる。i) 母語獲得だけでなく SLA においても、UG が働き、文法構築を制約する。ii) 理論言語学で採用されている言語現象の記述・説明の方法を応用することで、精度の高い L2 現象の記述・説明を行える。また、この手法により、学習者がインプットとして受けることのないような現象（刺激の貧困）に対して、学習者が構築する抽象的な知識について解明し得る。iii) そのような抽象的な現象に限らず、形態素脱落のような学習者が豊富なインプットを受けている現象に対しても、言語理論を基盤とすることで、学習者が抱える問題を炙り出すことができる。

　第 2 章や米盛（2007）でも論じられたように、一般的に、科学は「原因を説明する仮説の発見」、およびもっともらしいが正しくない仮説の棄却に

40　表層屈折欠落仮説は、Meisel（1991, 1997）らの広域的欠陥仮説（the Global Impairment Hypothesis）に反論している。

よって進展する。生成文法をはじめとする明示的な言語理論を L2 研究に応用することで、前章までで論じてきたような問題を解決できるだけでなく、「なぜ」に答える説明仮説を形成し、仮説の検証を行っていくことで、L2 メカニズムの解明もより進んでいくであろう。4 節の終わりでは、GenSLA の枠組みにおいて提案された仮説の中にも、記述に終始している仮説がいくつか存在することも見たが、それらの領域についても、一歩進んだ仮説が提案され、さらに分野が前進することが望まれる。

読書案内

Hawkins, R. (2019). *How second languages are learned: An introduction.* **Cambridge University Press.**

　語レベルから統語、意味、音韻、処理等、広範囲に渡って重要な研究を紹介している。特に、形態統語の章では、これまで研究論文では論じられてこなかったような主要仮説の問題点が的確に指摘されている。

白畑知彦・須田孝司 (編) (2018–2020)『第二言語習得研究モノグラフシリーズ』第1–4巻.　くろしお出版

　最新の第二言語習得研究が多数収録されているシリーズ。生成文法アプローチだけでなく、他のアプローチからの研究も含まれる。音声・音韻 (第1巻) から形態・統語 (第2、4巻)、そして処理や脳科学、教育 (第3巻) に至るまで様々なトピックに関する研究が掲載されている。

Slabakova, R., Leal, T., Dudley, A., and Stack, M. (2020). *Generative Second Language Acquisition.* **Cambridge University Press.**

　最新の GenSLA 理論を網羅している入門書。習得と処理の関係性についても触れられており、今後の GenSLA 研究のあり方についても考えさせられる一冊。

若林茂則・坂内昌徳・白畑知彦 (2006)『第二言語習得研究入門―生成文法からのアプローチ』新曜社

　数少ない日本語で書かれた GenSLA 入門書。GenSLA 研究で明らかにされてきた興味深い古典的な現象をいくつか取り上げて、複数の研究論文を紹介・検討を行っており、思考法や批判的検討法についても参考になる。

White, L. (2003). *Second Language Acquisition and Universal Grammar.* **Cambridge University Press.**

　GenSLA の歴史や UG の役割、そして重要な仮説の概観に加え、それら

の仮説の経験的・概念的な問題点についても批判的に検討している。出版から約 20 年経っているものの、第二言語習得理論が抱える反証可能性の問題や予測力等についても非常に重要な議論が展開されており、いまもなお GenSLA の必読書である。

素性

　素性には、音韻素性、意味素性、形式素性があり（Chomsky, 1965, 1995）、近年の生成統語論で主に論じられるのは形式素性（formal feature）である。形式素性は統語演算のトリガーとなる素性であり、インターフェイスにおいては意味解釈に寄与、もしくは機能形態素（-s や -ed 等）として具現化される（第 3 章の 2.2 を参照）。

　形式素性は、意味解釈に関わるか否かによって、解釈可能素性と解釈不能素性に分けられる（Chomsky, 1995）。解釈可能素性は意味インターフェイス（第 3 章の (1) を参照）に統語構造が転送された際に意味解釈に寄与する素性である。解釈可能素性には、時制素性や名詞句の ϕ 素性（数、人称、性）等が含まれる。これらの素性が解釈可能素性に含まれることは、時制が現在であるか過去であるか、または名詞が単数であるか複数であるかといった値の違いによって句や文の意味解釈に影響が出ることからも自明である。一方、解釈不能素性には、動詞の（正確には、T の）ϕ 素性や格素性等が含まれる。これらは、形態・音韻的に具現化（-s, him 等）されることはあるが、意味解釈には寄与しない。例えば、動詞（T）がもつ解釈不能な ϕ（$u\phi$）素性が三人称単数主語名詞句と一致して [upers: 3], [unum: sg] という値を付与されると、（現在時制であれば）-s という形態素に具現化されるが、意味解釈には影響を与えない。[1]

　統語演算上、特に重要な役割を果たすのは解釈不能素性である。解釈不能素性は、レキシコンから取り出されるときには値が未付与の状態であり、統語派生のなかで解釈可能素性から値が付与されなければならない。例えば、動詞（T）がもつ $u\phi$ 素性は、レキシコンからの取り出し時には値が未決定であり、名詞句がもつ解釈可能な ϕ 素性と一致および値（例：三人称、単数）の共有を行うことで、値が付与されなければならない。値が未付与のままで

---

[1]　解釈不能素性は常に音韻・形態的に具現化されるとは限らない。例えば、英語の場合、主語が一人称や二人称だと、動詞には目に見える形態素が表出しない。これは、素性がどのような音形を与えられるかという形態部門に関する問題である。

は意味・音声解釈が破綻してしまうため、素性の値付与は意味・音声イン
ターフェイスに転送される前の段階までに、すなわち統語部門において行わ
れる必要がある（Chomsky, 1995, 2000, 2001, 2008）。したがって、この理論
の下では、句の移動（Move）や一致（Agree）といった統語操作は、解釈不能
素性に値を付与するために生じると考えられている。このように、解釈不能
素性は統語派生において非常に重要な役割を果たしている。

　GenSLA においても、形式素性の習得を巡って様々な議論が繰り広げられ
てきたが、言語理論の発展に伴い、議論の焦点も解釈不能素性に向けられる
ようになった。代表的な仮説として、Tsimpli and Dimitrakopoulou（2007）の
解釈可能性仮説（the Interpretability Hypothesis）、Hawkins and Hattori（2006）
の表象欠陥仮説（the Representational Deficit Hypothesis）が挙げられる。彼ら
は、母語にない解釈不能素性は、臨界期以降の言語習得では習得不可能であ
ると主張している。上述のとおり、解釈不能素性は統語演算のトリガーとし
て機能するため、これらの仮説が正しければ、母語にない解釈不能素性が関
わる統語演算は利用できないことが予測される。一方、第 3 章でも紹介し
たとおり、Lardiere（2008, 2009）はその仮説に異議を唱え、習得が不可能な
わけではなく、形式素性の組み立て方を習得し直すプロセスが困難であるこ
とを強調している。また、Lardiere は、習得の手助けになるインプットが存
在すれば、原理上、母語にない解釈不能素性の習得も可能であると述べてい
る。このように、形式素性は第二言語現象に対する説明においても重要な役
割を果たしてきた。しかし、なぜ解釈不能素性は習得（不）可能であるのか、
そして、それらはどのように習得されるかといったより根本的な問いはまだ
本格的に着手されていないのが現状であり、今後そうした発展的な研究が期
待される。

第 5 章

生成文法に基づく
言語処理メカニズム研究

1. はじめに

　本章では、言語理論、特に生成文法、と言語処理システムとの間にどのような関係性が仮定されていたのかを中心に、これまでの言語処理研究がどのような研究命題に基づいて行われてきたかを概観する。本書の他の章でも述べてきたように、単なる記述的一般化にとどまらない、具体的な処理メカニズムに言及した認知科学研究としての言語処理メカニズム研究がどのような研究であるかを紹介する。

　本章の次節以降の内容については以下のとおりである。まず 2 節では、言語研究の各分野を Marr の 3 つのレベルに照らし合わせながら、言語処理研究が何を研究対象とし、どのような研究目標をもっているのかを解説する。3 節では、文処理研究のうち、特に文理解研究に焦点を当て、これまでの研究を 5 つの時代に分けて、それぞれの時代でどのような命題をもった研究が行われてきたかを紹介する。4 節では、文法と文解析器との関係性を直接的に検証した第一・第二言語における研究事例を紹介する。5 節は、本章のまとめと今後の第一・第二言語処理研究の展望を述べる。

2.　言語処理研究の説明対象と目標

2.1　言語処理（language processing）とは？

　本節では、言語処理研究の研究対象とその目標を示すが、その前にま
ず、そもそも本章で扱う言語処理とはどのような処理を指すのかという前
提を読者の方々と共有したい。本章で言語処理と記す場合、実世界におい
て音声などの物理的性質をもった言語情報と意味とを結びつける処理のこ
とを指す。言語処理には2種類の方向性の異なる処理が含まれる。1つは
言語理解（language comprehension）であり、もう1つは言語産出（language
production）である。言語理解とは、聴覚や視覚、触覚などに対応する感覚
器官を通じて外界から受容した情報に対し、何かしらの言語表象（linguistic
representation）を構築し、最終的にそれらがどのような意図を含んでいるの
かを解釈する処理である。一方で、言語産出とは、自らの脳内で作り出した
意図を適切に表現するような言語表象を作り出し、それらを物理的な情報と
して感覚器官を通じて外界へと出力する処理である。このような言語処理
（すなわち音と意味とを結びつけるために言語表象を構築する処理）におい
て、ヒトの脳内で実際にどのような処理が実行されているかを明らかにしよ
うとするのが言語処理研究である。

　しかし、上記の言語処理の中には言語に固有の認知処理（狭義の言語処理）
と言語に固有ではない領域一般的な認知処理とが含まれると考えられる（小
泉, 2010; 坂本, 1998）。ここでいう狭義の言語処理としての言語理解とは、
音声や文字のような物理的な情報を音素や形態素などの記号・シンボルへと
変換する処理から、それらの記号・シンボルを操作することによって特定の
言語表象を構築するまでの処理を指す。つまり、言語理解において、外界か
らの物理的な情報を感覚器官で受容したり、構築された言語表象が含む概念
や意図を推測したりするのは狭義の言語処理とはみなされない。なぜなら、
目や耳などの感覚器官における外界からの物理的な情報の受容は、外界との
やりとりのために偶然それらの感覚器官が用いられているために必要となっ
ているだけであり、言語特有の処理ではないからである。同様に、概念・意
図の共有は指差しや目配りなどでも可能であり、それは言語の本質的な性質

ではないと考えられる。

　狭義の言語産出については、表象構築の基となる概念や意図を生み出す思考の段階や、構築された言語表象をなんらかの物理的情報として外界に出力する調音や文字化などの処理は狭義の言語処理とはみなされない。思考は前言語的認知処理であり、文字化などは言語表象を物理世界へ出力するために必要な感覚器官の運動に関する処理である。この定義に倣って、本章で対象とする言語処理研究とは、言語固有の、狭義の言語処理に関する研究とする。

　また本章では、言語処理のうちの言語理解、そのなかでも特に文解析・構文解析（parsing）に関する処理に焦点を当てる[1]。本章で言語理解研究に焦点を当てる理由は、歴史的に見て言語産出研究よりも言語理解研究の先行研究が多く（それが望ましい状況であるという意味ではない）、言語理論と言語処理の関連性を踏まえつつその研究全体を概観するのに都合がよいからという便宜的なものである。言語産出も含めた言語理論と言語処理との関連性に関しては Momma and Phillips（2018）などを参照されたい。

2.2　Marr の 3 つのレベル

　Marr（1982）は、なんらかの処理システムを完全に解明するためには、以下の 3 つすべてのレベルに関する問題が解決される必要があると述べている。

・計算理論レベル（computation）
・表象・アルゴリズムレベル（representation/ algorithm）
・ハードウェア実装レベル（hardware implementation）

　2.1 節で示したとおり、ヒトの情報処理とは、単に外界からの物理的な入力を知覚（perception）するだけの処理ではなく、知覚した情報に計算

1　言語理解のなかでも、単語列から文の意味を解釈するまでの処理を文理解（sentence comprehension）と呼ぶ。さらに文理解のなかでも、単語列に対して特定の構造的表象（structural representation）を構築・付与する処理のことを文解析・構造解析と呼ぶ。また、文解析・構造解析を担うヒトの認知システムは、それを機械に見立てて、文解析器（parser）とよばれる。

（computation）を加えて、脳内に表象を構築する処理であると考えられる。例えば、「何かを見る」という情報処理は、単に外界からの光刺激を受容するだけでなく、網膜上に映し出された二次元の像を実際の物理世界と同様の三次元の表象へと変換する処理を含む。Marr は、そのようなヒトの情報処理を含め、なんらかの処理メカニズムの全容を解明するためには、上の3つすべてのレベルにおける問題を解明する必要があると主張している。

　例えば、Marr は電卓のような計算機の例を挙げて3つのレベルの違いを説明している。電卓を使って四則演算を行う場合、そもそも四則演算の規則がどのようなものであるかという計算理論が明らかになっていなければならない。計算規則の例としては、3＋4＋5という足し算を行う場合、（3＋4）＋5のように先に3と4を足してその合計に後から5を足すのも、3＋（4＋5）のように先に4と5を足して後から3を足すのも結果は同様に12となるという結合法則などがある。

　次に3＋4＋5という抽象的な計算を電卓内で扱うためには、ソフトウェアにおいて計算規則をどのように表象し、その表象に対してどのような手順で処理を実行すべきなのかをアルゴリズムとして指定する必要がある。例えば、数字の表象としては我々に馴染み深い10進法だけでなくコンピュータの処理に使用される2進法などがありうる。また演算の表象としては、馴染み深い中置記法（3＋4）だけでなく、前置記法・ポーランド記法（＋ 3 4）や後置記法・逆ポーランド記法（3 4 ＋）などもありうる。また、実際に演算を実行するためのアルゴリズムの例としては、3＋4×5を計算する際の演算の実行手順に関するアルゴリズムなどが考えられる。計算規則を考慮しなければ、3＋4×5の計算手順としては、論理的に2通りの計算手順が考えられる。一つは、掛け算を先に実行する（4と5を掛けたものに3を足す）という計算手順であり、もう一つは、足し算から先に実行する（3と4を足した合計に5を掛ける）という計算手順である。しかし、実際には足し算よりも掛け算を先に実行しなければならないという演算子の優先順位に関する計算規則が存在するため、後者の計算手順を採用することはできない。アルゴリズムが論理的に複数存在している場合も、計算規則によって当該アルゴリズムをてきようかのうかどうかが決定される場合がありうる。つまり、アル

ゴリズムを規定するためには、その操作対象となる計算規則や表象が重要な
のである。

　最後に、電卓で実際に上記のようなアルゴリズム（ソフトウェア）を実行
するためには、それをどのように電卓というハードウェアに実装すべきか、
という実装レベルの問題を解決しなければならない。しかし、最終的にハー
ドウェア実装レベルの問題を解決するためには、先に表象・アルゴリズムレ
ベルの問題を解決しておかなければならない。なぜなら、表象・アルゴリズ
ムというソフトウェアの設計がなければ、それをハードウェアに実装するこ
とは不可能だからである。さらには、上で述べたように、表象やアルゴリズ
ムといったソフトウェアの設計には、計算理論が必要である。つまり、計算
機を作り上げるためには、最終的にハードウェア実装レベルの問題を解決し
なければならないのだが、その最終目標を達成するためには、計算理論に基
づいたアルゴリズムが必須なのである。Marr も、この 3 つのレベルのなか
で 1 つ目の計算理論のレベルが特に重要だと述べている。その理由は、2 つ
目の表象・アルゴリズムレベルで計算の表象や計算手順を決定したり、3 つ
目のハードウェア実装レベルでそのようなソフトウェアを実装する術を見つ
けたりしても、そもそもそれらが処理を実行する際の計算規則が決まってい
なければ意味をなさないからである。

　一方で、ヒトの認知メカニズムの解明を目標とする認知科学研究の場合
は、3 つ目のハードウェア実装レベルからの研究も可能である。認知科学研
究における最終目標は、上の計算機の例のようになんらかの新しいシステム
を作ることではなく、ヒトの脳内にすでに実装されている認知システムを明
らかにすることである。したがって、ヒトの脳内にどのように認知処理アル
ゴリズムが実装されているのかという 3 つ目のハードウェア実装レベルの
問題から研究を進めることも可能である（Poeppel & Embick, 2005）。

2.3　言語学における 3 つのレベル

　Marr の 3 つのレベルに照らし合わせて考えると、言語学は以下の 3 つの
レベルに分けられるだろう。

・計算理論レベルとしての理論言語学
・表象・アルゴリズムレベルとしての心理言語学
・ハードウェア実装レベルとしての神経言語学

　まず、理論言語学とは、どのような計算が可能・不可能であるか（可能・不可能な入出力のペア）、またそれがどのように表象されるべきかを規定する研究である。生成文法などの文法理論研究はこのレベルの研究に該当する。次に、心理言語学とは、ヒトが実際に文を処理する際に、どのようにして表象を構築するかという認知処理としてのアルゴリズムに関する研究である。言語処理研究がこのレベルの研究に該当する。最後に、神経言語学とは、心理言語学で明らかになった言語処理アルゴリズムが、ヒトの脳内にどのように実装されているかに関する研究である。言語に関する脳科学研究がこのレベルの研究に該当する。
　ヒトの言語処理研究においては、言語処理装置を作り上げるわけではなく、実際にヒトの脳というハードウェアにすでに実装されている言語処理アルゴリズムがどのように言語表象を処理するかを明らかにすることが目標である。この目標を達成するためには、まず言語処理アルゴリズムが対象とする言語表象がどのようなものであるかを明らかにする必要がある。つまり、対象となる表象を規定するためには、それを規定する計算理論としての言語理論が必要不可欠となる（Marantz, 2005; Sprouse & Lau 2013）。よって、**ヒトの言語処理研究においては、言語理論から完全に独立した処理の研究を行ったとしても、言語処理の全容解明に対する貢献は少ないと考えられる。**そこで次節では、計算理論としての言語理論である生成文法と言語処理との関連性を踏まえながら、これまでの言語処理研究、特に文理解・文解析研究について概観する。

3.　生成文法に基づく言語処理研究

　坂本（1998）では、文理解研究の歴史上、大きく分けて以下のような3つの潮流があったと述べられている。

・1960 年代：派生による複雑度の理論（derivational theory of complexity: DTC）
・1970 年代：知覚の方略（perceptual strategy）
・1980 年代：透明性の仮説（the transparency hypothesis）

　これらの時代は、文法と文解析器との関係性に主な焦点が当てられていた時代であると言える。これらの時代では、可能・不可能な構造を規定する計算理論である文法と、文処理を司るアルゴリズムである文解析器が同一の認知システムなのかという問いや、あるいは文法と文解析器が独立した認知システムである場合に、それらは互いにどのような関係性をもっているのかといった問いが文理解研究の主な研究の関心であった。

　加えて本章では、それらの時代以降の文理解研究に関して、以下のような新たな 2 つの潮流があると考える。

・2000 年代：「十分よい」文解析（"good-enough" parsing）
・2010 年代：手がかりに基づく想起モデル（cue-based retrieval model）

　これらの時代では、文法と文解析器との関係性よりも、文解析器そのものや、文解析器と記憶などの他の一般認知システムとの関係性に焦点が当てられてきたと言える。

　以下では、まず 3.1 節から 3.3 節にかけて文法と文解析器との関係性という観点を軸に、続いて 3.4 節と 3.5 節においては文解析器そのものや他の記憶などの他の認知処理システムとの相互作用という観点を軸に、それぞれの時代における文理解研究の概観を紹介する。

3.1　1960 年代：派生による複雑度の理論

　派生による複雑度の理論（DTC）とは、計算理論として提案された初期の生成文法、いわゆる変形文法（transformational grammar）が、実際の言語処理における処理アルゴリズムそのものであるとする理論である（Chomsky, 1965; Miller & Chomsky, 1963 など）。つまり DTC では、ヒトが実際に文を処理する際にも、変形文法が想定するような構造派生（structural derivation）メカニズムが働くと考えられる。

　変形文法においては、文構造を構築する際に、大きく分けて二段階の派生メカニズムが存在すると考えられた。まず、第一段階として、句構造規則（phrase structure rule）に基づいて深層構造（deep structure）を構築し、第二段階として、深層構造に対して変形規則（transformation rules）を適用することで、最終的な文構造（表層構造 surface structure）を構築するという派生である。*John was hit by Fred.* という受身文の派生過程を例にとると、まず、第一段階として S -> NP VP, NP -> N, VP -> V NP などの句構造規則を使って、*Fred hit John.* という深層構造を構築する。次に第二段階として、その深層構造に対して受身化という変形規則を適用することで、最終的に *John was hit by Fred.* という受身文としての表層構造が派生されると考える。

　変形文法で提案された変形規則そのものが、実際にヒトの文解析での処理メカニズムとして働くと仮定する DTC を採用することによって、文解析における処理負荷（processing cost/ load）の観測を通して、生成文法の心理的もっともらしさ（psychological plausibility）を実証的に検証することが可能になる[2]。つまり、計算理論として提案された変形規則が、実際にヒトが文を処理する際に用いる構造処理メカニズムであるならば、変形規則の複雑さ（適用回数）に応じて実際の文解析における処理負荷が変化するはずであると仮定することができる。言い換えると、文解析における変形規則の適用回数と処理負荷を、計算理論としての変形文法と処理アルゴリズムとしての文解析器とのリンキング仮説（linking hypothesis）とすることで、変形文法の心理的もっともらしさを実験によって検証することが可能となる。DTC においては、生成文法が文処理研究に対して文解析のメカニズムを提供するだけでなく、文処理研究が処理負荷の計測を通して生成文法の心理的もっともらしさを検証する、というような理論言語学と心理言語学間での双方向の貢献が期待された。

2　処理負荷を観測する方法としては、比較的容易に実施できる反応時間実験から、専門的な技術を必要とする眼球運動や脳波などを計測する方法まで存在する。しかし、より専門的な技術を用いた実験のほうが優れているということはまったくなく、研究目的に応じて必要な実験手法を選択することが重要でである。研究目的に合ってさえいれば、比較的容易に実施可能な反応時間実験でも何ら問題はない。

　実際にその後の研究では、DTC を支持するような実験結果も報告されている。例えば、Miller and McKean (1964) では、以下の (2) のような文を実験参加者に呈示して、それに対応する能動・肯定文を回答してもらう実験を行ったところ、より多くの変形規則が適用されている (2b) のほうが変形規則の適用回数が少ない (2a) よりも反応時間が長くなることが明らかにされた。

(1) Fred hit John.（変形なし：核文 kernel sentence）
(2) a. John was hit by Fred.（変形 1 回：受動化 passivization）
　　 b. John was not hit by Fred.（変形 2 回：受動化 + 否定 negation）

　一方で、その後の研究では、DTC の予測に反する結果も報告されている。具体的には、派生の回数が多い文と少ない文との間に反応時間の違いが観察されない場合が存在することが示されている。Watt (1966) は、(3a) と (3b) のような受身文を処理する際の反応時間を比較した。

(3) a. John was hit by Fred.（変形 1 回：受動化）
　　 b. John was hit.（変形 2 回：受動化 + by 句の削除 deletion）

変形文法においては、(3b) のような by 句を伴わない受身文は、(3a) のような by 句を含む受身文に対して by 句を削除するという変形規則を加えて派生されると考えられた[3]。もし DTC が正しければ、変形規則の適用回数が多い (3b) のほうが (3a) よりも処理負荷が大きく、反応時間が長くなると予測される。しかし、Watt の実験では、by 句を伴うか否かによって 2 つの受身文で反応時間の差は観察されなかった。この結果は、より多くの変形規則を含む文において処理負荷が高くなるという DTC の予測に一致しない結果であった。

　Watt の研究の他にも、Fodor and Garret (1967) は関係節を含む文においても DTC の予測とは一致しない結果を報告している。例えば、変形文法では、以下の (4a) と (4b) という 2 つの関係節は、どちらも関係節化 (relativization)

3　しかし、その後の生成文法では、by 句を伴わない受身文は、by 句の削除によって作られるのではなく、直接 by 句を伴わない構造として作られると考えられている（Bresnan, 1972; Chomsky, 1977）。

という変形規則によって派生されると考えられる[4]。

(4) a. the man who ___ loves Mary

　　 b. the man who Mary loves ___

これら 2 つの関係節はどちらも、能動文に対して関係節化という変形規則を 1 度だけ適用しているため、DTC はこれらの文の間に処理負荷の違いを予測しないにもかかわらず、これら 2 つの関係節の処理負荷を比較すると、主語関係節である (4a) のほうが目的語関係節である (4b) よりも処理負荷が小さいことが示されている (Hakes et al., 1976; Holmes, 1973; King & Just, 1991 など)。

　これらの実験結果から、計算理論である変形文法そのものがヒトの文解析における処理アルゴリズムである、言い換えれば、変形規則の適用回数によって処理負荷が予測できる、という DTC の主張の妥当性が疑われることとなった (Fodor & Garret, 1967; Fodor et al., 1974)。

3.2　1970 年代：知覚の方略

　DTC の予測に一致しない結果が多数報告されたことにより、その反動として新たな文理解研究の潮流が誕生した。それが、文法理論に依存しない、文法からは独立した存在としての文解析アルゴリズムに焦点を当てた「知覚の方略」という立場である (Bever, 1970; Fodor et al., 1974)。この立場をとる研究では、計算理論としての変形文法そのものが文解析における処理アルゴリズムであるとする DTC とは異なり、変形規則のような文法理論によって仮定された計算規則とは独立に、入力された表面的な情報から文構造を解析するアルゴリズムが提案された。

　知覚の方略における文解析では、変形文法が仮定する変形規則からは独立した、表面的な情報に基づく文解析独自の方略を認める。例えば、フィラー・ギャップ依存関係 (filler-gap dependency) という文法的依存関係の処理に関する「能動的フィラー方略 (active filler strategy)」という知覚の方略

4　(4) の下線部は、そこが深層構造における関係節主要部名詞 *man* の元位置であることを示している。

が提案された (Frazier, 1987; Frazier & Clifton, 1989; Frazier & Flores d'Arcais, 1989)。フィラー・ギャップ依存関係とは、(5) のような英語の *wh* 疑問文などで生じる文法的な依存関係のことを指す。

(5) a. Who ___ loves you?

b. Who do you love ___?

(5) の *wh* 疑問文は、下線で示しているように、動詞 *love* の主語または目的語として解釈される *who* が文頭に移動しているような構造をもつ。このような構造をもつ文を解釈するためには、*wh* 句を下線の位置と関連づける必要がある。このとき、*wh* 句のような移動要素のことをフィラー (filler)、下線部のことをギャップ (gap) と呼び、それらの間の依存関係のことをフィラー・ギャップ依存関係と呼ぶ。

実際にフィラー・ギャップ依存関係を処理する際には、フィラーが入力された時点ではギャップの位置が確定していないという一時的な構造的多義性 (structural ambiguity) という問題が生じる。*wh* 疑問文を例にとると、(5a) のようにギャップが主語位置に存在する場合もあれば、(5b) のように目的語位置に存在する場合もある。このような構造的多義性が解消されギャップ位置が確定するのは、(5a) の場合動詞が入力された時点であり、(5b) の場合文末を示す？が入力された時点となる。このような一時的な構造的多義性をもつフィラー・ギャップ依存関係の処理に関する方略が能動的フィラー方略である。

具体的には、以下のような方略でフィラー・ギャップ依存関係が処理されると仮定されている。

(6) Assign an identified filler as soon as possible; i.e., rank the option of a gap above the option of a lexical noun phrase within the domain of an identified filler.
(Frazier & Flores d'Arcais, 1989: 332)

つまり能動的フィラー方略とは、文解析器がフィラーを見つけ次第、他の可能な構造があったとしても、最も早くフィラー・ギャップ依存関係を構築

できるような構造 5 を優先させるという処理方略である。詳しくは4節で紹介するが、以降の研究において能動的フィラー方略を支持する実験結果が多く報告されている。例えば、文解析器がフィラーを検知した時点で、最も早くフィラー・ギャップ依存関係を構築できるような構造を予測的に想定していた場合に、実際の構造との乖離が生じるような単語が入力されると、その単語の読み時間が遅くなることが知られている（埋められたギャップ効果 filled-gap effect: Stowe, 1986 など）。

　能動的フィラー方略の他にも、この時代には様々な処理方略が提案されている。例えば、右結合（right association: Kimball, 1973）、最小付加（minimal attachment: Frazier & Fodor, 1978）、遅い閉鎖（late closure: Frazier, 1978）などが挙げられる。これらの知覚の方略は基本的に、計算理論としての文法理論で仮定されている計算規則からは独立した文解析メカニズムである。一方で、能動的フィラー方略のように、移動（movement）という生成文法で想定される文法規則と密接に関わっている処理方略もある。そこで次第に、そのような文解析メカニズムと計算理論である生成文法で提案される様々な文法規則・制約との関連性が検証されるようになり、それが次の潮流である透明性の仮説へとつながっていく。

3.3　1980年代：透明性の仮説

　透明性の仮説とは、計算理論である生成文法と処理アルゴリズムである文解析器との間に「透明な」関係性を想定する仮説である（Berwick & Weinberg, 1984 など）。ここでいう「透明な」とは、文法と文解析器との間に、お互いを参照できるような関係性があるということを指している。DTC は文法と文解析器を同一視するため、当然両者の間には透明な関係性が想定されているが、透明性の仮説は両者を同一のものであるとは仮定しない。透明性の仮説では、両者を独立した認知システムと仮定するものの、お互いのことを参照しながら、文法に従った文解析が行われると想定される。

5　ここでいう「最も早くフィラー・ギャップ依存関係を構築できるような構造」が何を基準に「最も早い」とされるかによって、計算理論としての文法と処理アルゴリズムとしての文解析器との関連性の捉え方が変わってくる。詳しくは次の3.3節で述べる。

したがって、DTC では変形規則の適用回数と処理負荷との間に相関がある
と主張されたが、透明性の仮説では変形規則と処理負荷の相関という両者の
間の直接的な関係性が想定されているわけではなく、あくまでも文法規則に
則って文解析が行われるということが主張されている。透明性の仮説の具
体例としては、生成文法における原理とパラメータのアプローチ（principles
and parameters approach: Chomsky, 1981）に一致するような、原理に基づく
統語解析（principle-based parsing: Berwick & Weinberg, 1984; Pritchett, 1992）
などが提案された。

　一方で、3.2 節で紹介した知覚の方略は、計算理論である生成文法からは
独立した領域一般的な認知処理アルゴリズムとして文解析器を提案しようと
いう考え方であり、そこでは文法と文解析器との間に透明な関係性は想定さ
れていない。言い換えると、知覚の方略においては、生成文法と文解析器の
間には「不透明な」関係性が想定されていたとみなすことができる（坂本,
1995）。しかしながら、提案された処理方略の中には、能動的フィラー方略
のように生成文法で提案された特定の構造的表象を参照しながら処理を実行
しているとみなせるような処理方略もある。具体的には、脚注 5 に記した
ように、能動的フィラー方略でいう「最も早くフィラー・ギャップ依存関係
を構築できるような構造」というのがどのような構造であるのかを判断する
基準として、生成文法で提案されている文法規則によって派生された構造的
表象が用いられる可能性が残っている。もしそのような構造的表象に従って
フィラー・ギャップ依存関係が処理されているならば、それはつまり文解析
アルゴリズムが文法から独立した一般的な認知処理アルゴリズムではないと
いうことを示していることになる。なぜなら、もし文解析アルゴリズムが完
全に文法から独立しているのであれば、生成文法によって提案された派生規
則に基づく構造表象を参照しながら処理を行うということはないはずだから
である。言い換えると、もし文解析アルゴリズムが生成文法で提案された構
造表象を基準に処理を実行しているのであれば、両者の間には「透明な」関
係性を想定することが必要になる。

　そこで、この問題を検討するためにより詳細な構造解析の検証が行われる
ようになる。具体的には、先ほど挙げたフィラー・ギャップ依存関係の理解

において、「島の制約 (island constraints: Ross, 1967)」という生成文法で提案された文法制約が遵守されているかどうかを検証した研究などが挙げられる (Traxler & Pickering, 1996)。研究の詳細については 4 節で述べるが、検証の結果、ヒトの文解析器は、能動的フィラー方略に従いつつも、同時に島の制約を遵守しながらフィラー・ギャップ依存関係を処理していることが明らかとなった。つまり、ヒトの文解析器は計算理論である生成文法で提案された文法規則・制約を参照しながら文を処理していると考えられる。言い換えれば、計算理論である文法と処理アルゴリズムである文解析器との間には、お互いを参照できるような「透明な」関係性が存在すると考えられるのである。さらには、Phillips (1996) などのように、計算理論としての文法と処理アルゴリズムとしての文解析器が同一の認知システムであるという提案も近年改めて出されている (Lewis & Phillips, 2015; Momma & Phillips, 2018; Parker, 2019)。

　3.1 節からここまでは、計算理論としての文法と処理アルゴリズムとしての文解析器の関係性という観点に関して、主に 3 つの潮流があったことを紹介してきた。次に、3.4 節では文法と文解析器の関係性という観点からは離れた、コミュニケーション・システムの一端としての文解析器という異なる命題をもつ研究の流れを紹介する。

3.4　2000 年代：「十分よい」文解析

　「十分よい (good-enough)」文解析とは、ヒトの文解析によって構築される構造的表象は、コミュニケーションにおける相手への応答など、求められるタスクを実行するために「十分よい」という理論である (Ferreira et al., 2002; Ferreira & Patson, 2007)。この理論では、コミュニケーションにおいて相手の発話に対して応答するために、常に生成文法で仮定されているような複雑な構造的表象を構築する必要はなく、発話に応答するために十分な複雑さをもつ構造的表象が構築されさえすればよいと考えられる。

　「十分よい」文解析が行われている証拠としてよく挙げられるのが、モーゼの錯覚 (Moses illusion) とよばれる現象である (Erickson & Mattson, 1981)。この現象は、"How many animals of each kind did Moses take on the Ark?"

3. 生成文法に基づく言語処理研究 | 125

（「モーゼはそれぞれの動物を何匹ずつ方舟に乗せましたか？」）と質問されると、少なくない人数の人が「2匹」と答えてしまうという現象である。なぜこれが錯覚とよばれるかというと、方舟に動物を乗せたのは Moses ではなく Noah であるため、もしこの文を正しく解析できていれば、その間違いに気づくはずであり、この文はそもそも答えることすらできない質問文だからである。そのような誤った質問文であるにもかかわらず、「2匹」と答えてしまうということは、ヒトの文解析器は常に正確な表象を構築しているわけではないと考えられる。言い換えれば、「動物を」「方舟に乗せる」という文中の部分的な情報を基に、聖書に関する質問をされていると認識した時点で、その質問に答えるというタスクを遂行するのに十分な程度の「浅い（shallow）」文解析しか行われなくなる場合があるということが示唆されている。

　ここで1つ注意しなければならないのは、「十分よい」文解析という理論それ自体は、具体的な文解析アルゴリズムを提案した理論ではなく、あくまでもなんらかの処理メカニズムに基づいた文解析の結果として文法的に許されない「浅い」構造的表象が構築されることがあるという、処理の結果を記述的に一般化した理論であるという点である。つまり、コミュニケーションを円滑に行うためには、「浅い」文解析が行われることがあるという記述的一般化は行っているものの、具体的にどのような処理メカニズムによって「浅い」構造的表象が構築されるのかという具体的なメカニズムが提案されているわけではない。

　本書の他の章でも再三言及されているように、認知科学的な言語研究が目標とするのは、ヒトの言語システムの解明であり、そのためには具体的な処理メカニズムへの言及が必須である。その点、「十分よい」文解析という理論は、具体的な処理メカニズムに言及することなく、文解析の結果の一般的記述に終始しているという点で、ヒトの言語処理アルゴリズムの解明を目標とする認知科学的な言語研究に対する理論的な貢献度は低いと考えられる。

　しかしながら、「十分よい」文解析を生じさせる処理アルゴリズムの候補として考えられる理論がまったくないわけではない。そのひとつが、統語の遅延付与理論（late assignment of syntax theory: Townsend & Bever, 2001）であ

る。この理論では、"We understand everything twice"というスローガンに象徴されるとおり、文解析器が二種類の質的に異なる解析を実行すると主張されている。一方の解析では、知覚の方略で提案されたような文法に依存しない処理方略が用いられることで「素早いが正確でない（quick-and-dirty）」構造解析が行われると仮定される。このような構造解析により、素早い反応が必要となるコミュニケーションでの受け答えなどにおいては、文法に依拠しない表層的な解析が行われる場合があると考える。しかしながら、もう一方の解析では、透明性の仮説で仮定されているような、文法に基づいた正確で深い解析が行われると考える。

　また、文法と文解析器との関連性を考えると、統語の遅延付与理論では、文法と密接な関係にある文解析器とそうでない解析器の2種類の文解析器が想定されている。正確で深い解析を行う文解析器は、文法と密接な関係性があると考えられる一方で、素早いが正確でない解析を行う文解析器は文法と密接な関係があるとは考えられない。つまり、この理論では、言語システム内に、文法と密接につながる文解析器と文法からは独立した文解析器という2種類の文解析器が存在すると仮定される。言い換えれば、文法で許されないような構造的表象が作られることの説明を言語システム内の性質の異なる2つの文解析器が存在することに求めているのである。しかしながら、必ずしも文法的に許されない構造的表象を作る認知メカニズムを言語システム内だけに求める必要はないとも考えられる。なぜなら、言語システム自体に、非文法的な処理を効率化するメカニズムを想定せずとも、言語システムと他の一般認知処理アルゴリズムとの相互作用メカニズムに、「十分よい」構造的表象が構築される原因を求めることも可能であるためである。実際に、タスクに応じて文解析の深さを調整するための言語と一般認知処理アルゴリズムの相互作用メカニズムとして、注意（attention）との相互作用が働いていると主張する研究もある（Sturt et al., 2004 など）。もしそれらの研究が主張するように注意という非言語的な処理アルゴリズムによって、「十分よい」文解析が駆動されるのだとすれば、言語固有の認知モジュール内である言語システムにおいて文法と文解析器との乖離を想定する必然性はない。

　このように、仮に文処理において文法理論では認められない表象が構築さ

れるとしても、それによって直ちに DTC や透明性の仮説が仮定するような文法と文解析器との密接な関係性を否定する必要はないと考えられる。3.5 節では、文理解において文法理論では認められていない表象が構築されるメカニズムとして、言語システムと記憶システムとの相互作用メカニズムに関する研究を紹介する。だがその前に、第二言語 (L2) における「浅い」文解析に関する研究を紹介する。

第二言語における「浅い」文解析

2000 年代までは第一言語 (L1) における文理解研究がほとんどであったが、2000 年頃になるとようやく L2 における文理解研究にも焦点が当てられ始めた。それらの研究では、L2 においては L1 と同程度には文法規則に従った「深い」構造解析が行われていないことを示唆するような結果が得られた (Felser et al., 2003; Marinis et al., 2005; Papadopoulou & Felser, 2003 など)。特に、主語と動詞の数の一致のような局所的 (local) な処理ではなく、フィラー・ギャップ依存関係のような非局所的な処理において、L2 では L1 とは異なる「浅い」構造解析が行われていることを示唆するような結果が報告された (Clahsen & Felser, 2006a, 2006b, 2006c)。

Clahsen と Felser は、そのような知見に基づき、「浅い構造仮説 (the shallow structure hypothesis)」という仮説を提案した (Clahsen & Felser, 2018 も参照)。この仮説は、L2 における文理解、特にフィラー・ギャップ依存関係のような非局所的な処理では、統語情報よりも語彙・意味情報に依存した処理が行われるため、L1 とは異なる「浅い」文解析が行われると主張している。

しかし、この浅い構造仮説では、「十分よい」文解析と同様に、「なぜ」そのような浅い文解析が行われるのかという問いに対して、文処理メカニズムにまで言及した説明は提供されていない。「十分よい」文解析が、単に、処理の結果として「浅い」文解析が行われることがあるという記述的一般化に終始しているのと同様に、浅い構造仮説もどのような処理メカニズムによって L2 特有の「浅い」文解析が生じるのかという問いに対して明確な答えを提示しておらず、単に L2 における文処理では L1 のそれとは異なる「浅

い」文解析が行われることがあるという知見の記述的一般化にとどまってい
る。L2 では統語情報よりも語彙・意味情報に依存した処理が行われること
が、L1 とは異なる「浅い」文解析が行われる原因だと主張しているが、こ
の主張も、L2 の文理解では、複雑な統語構造の処理に困難が生じるが、語
彙・意味的な処理に関しては困難が生じない、という結果を単に情報の種類
によって分類・言い換えているにすぎない。

　認知科学としての L2 文処理研究にとって重要なのは、L1・L2 における
文理解に質的な違いを生じさせている認知処理メカニズムを解明することで
ある。そのためには、「なぜ」L2 では統語情報ではなく、語彙・意味情報に
依存した処理が行われる場合があるのかという問いに対して、具体的なメカ
ニズムに言及した説明が必要となる。残念ながら、現状では、具体的なメカ
ニズムにまで言及して L1・L2 文理解の差異を説明しようと試みた研究は見
受けられない。

　一方で、ここまで L2 の文理解に関して、非局所的な依存関係の処理で
は、正確な構造的表象を構築することができないという経験的観察が正しい
という前提で話を進めてきたが、その後の研究では、L2 の文理解において
も、L1 と同様に複雑な構造表象を正確に構築することができるという結果
も報告されている（Omaki & Schulz, 2011 など）。4 節では、L2 においても
「深い」文解析が行われていることを示した研究の一例を紹介するが、その
前に次の小節では、2010 年頃から注目された文処理アルゴリズムとその他
の領域一般的な認知処理アルゴリズムとの相互作用メカニズムに関する研究
を紹介する。

3.5　2010 年代：手がかりに基づく想起モデル

　本節では、文解析において文法理論では認められない構造的表象が構築
されてしまう原因を、言語処理アルゴリズムそのものに求めるのではなく、
言語処理アルゴリズムと記憶処理アルゴリズムとの相互作用メカニズムに
求めようと試みている研究を紹介する（Lewis & Phillips, 2015; Phillips et al.,
2011; Vasishth et al., 2008; Wagers et al., 2009 など）。

　手がかりに基づく想起モデルは、文理解を構造解析と記憶処理という 2

つの処理アルゴリズムとその相互作用によって説明しようとするモデルである。なぜ文理解に記憶処理が必要であるかというと、言語に含まれる依存関係を処理するためには、記憶処理が不可欠だからである。言語には、(4) の関係節や (5) の wh 疑問文のように離れた位置に存在する 2 つの要素間の依存関係を構築するような操作が含まれる。加えて、言語には線状性 (linearity) という性質があるため、音や文字として表現された文はそれ全体を一度に処理することが不可能であり、文頭から文末までの情報を部分的に少しずつ処理するしかない。この線状性という言語の性質があるために、離れた位置にある 2 つの要素間に依存関係を構築するには、先に入力された要素を文解析で使用される形式で符号化 (encode) された状態で記憶に保持し、もう一方の要素が入力されたときに、その要素を想起 (retrieve) するという記憶処理が必須である。この想起の際に、入力された情報がもつ言語的手がかり (cue) が使われると想定するため、そのようなモデルは手がかりに基づく想起モデルとよばれる。さらには、手がかりに基づく想起モデルは、純粋な意味での言語処理である構造解析と、それを実現するための記憶処理という 2 つ処理アルゴリズムを、ACT-R (Adaptive Control of Thought–Rational (思考の適応制御 - 理性)：Anderson & Lebiere, 1998) というヒトの認知処理全般を包括的に扱えるような認知アーキテクチャによってモデリングすることができると主張する。

　Wagers et al. (2009) はこの手がかりに基づく想起モデルによって、言語表象を規定する文法規則と実際に文理解で構築される言語表象との不一致の一種である「一致の誘引 (agreement attraction)」が生じるメカニズムを説明可能であると主張している。「一致の誘引」とは、文法理論では非文法的とされる文が、時間制限を設けた容認性判断課題 (speeded acceptability judgment) においては誤って容認可能 (acceptable) と判断される「文法性の錯覚 (illusion of grammaticality)」とよばれる現象の一種である。例えば、(7) のような文は 、主語と動詞の数が一致していないにもかかわらず時間制限付きの容認性判断課題においては、時間制限のない通常の容認性判断課題よりも容認率が高くなる (Wagers et al., 2009)。

(7) *The key to the cabinets are rusty.

　これは、主語と動詞の数の一致の処理において、構造的に無関係であるはずの前置詞句内の複数名詞 cabinets が誤って動詞と依存関係を構築してしまうためだと考えられる（一致の誘引）。

　(7) のような文で一致の誘引が生じるメカニズムとして、Wagers et al. (2009) は記憶処理における手がかりに基づく想起処理メカニズムを提案している。離れた位置にある主語と動詞の間に依存関係を構築するためには、先に入力される主語 key を記憶に保持し、その後動詞 are が入力された時点で、その動詞のもつ手がかりを基に主語を想起する必要がある。手がかりに基づく想起処理においては、動詞がもつ［＋plural］という手がかりが使用されることになるが、その際に主語と動詞の依存関係とは構造的に無関係な前置詞句内の cabinets がこの手がかりに一致する［＋plural］をもつ複数名詞であるために、誤って cabinets が想起されてしまい、その結果、文法性の錯覚が生じると主張されている。

　ここで重要なのが、構造的に無関係な名詞と動詞との間に本来は非文法的なはずの依存関係が錯覚的に構築される原因が、純粋な意味での文解析ではなく、あくまでも記憶処理とのインターフェイスにあるという点である（Lewis & Phillips, 2015; Wagers et al., 2009）。つまり、文法的に許されない依存関係を錯覚的に構築しているのは、言語固有の文解析アルゴリズムではなく、領域一般的な記憶処理アルゴリズムであると考える。このような文解析器と記憶処理アルゴリズムとの関連性を考慮すると、一見文法と文解析器との乖離を示唆しているかのように思われる文法性の錯覚も、実はそれらの間の乖離を想定せずとも、記憶処理アルゴリズムでの非文法的な想起処理によって説明することが可能になる。

3.6　3節のまとめ

　本節では、言語処理研究の中の文解析研究に焦点を当て、言語理論との関連性を軸にその研究パラダイムの移り変わりを概観した。文法と文解析器との間に密接な関連性を想定する（もしくはそれらを同一視する）DTC や透明

性の仮説のような理論だけでなく、両者の間に密接な関係を想定しない知覚の方略や「十分よい」文解析のような理論も提案されてきた。さらに近年では、文法と文解析器との関連性だけでなく、言語システムそのものと他の領域一般的な認知システムとの相互作用メカニズムが文処理に与える影響にまで研究対象が拡大している（手がかりに基づく想起モデル）。しかし、いずれの場合も言語処理・文解析研究に一貫しているのは、ヒトに備わっている文処理アルゴリズム、すなわち Marr の3つのレベルにおける2つ目の表象・アルゴリズムレベルに対応する言語能力、を解明するという研究目標である。

　言語処理研究はその研究手法として認知心理学的な実験を用いるために、どうしても「ある文の処理が難しい」という経験的な実験結果ばかりが着目されがちであるが、重要なのはその経験的な証拠を以てどのような理論的な帰結を導くことができるのか、言い換えればその実験結果によってヒトの言語処理アルゴリズムの解明に対してどのような貢献があるのか、という点である。

　4節では、そのような問題意識をもちつつ、それらの研究がヒトの文処理アルゴリズムの解明にどのような理論的な貢献をもたらしたのかという点に触れながら、L1・L2 における言語処理研究の具体的な事例を紹介する。

4. 第一・第二言語における言語処理研究

　本節では、3節での文理解研究史の概観を踏まえたうえで、特に、文法と文解析器との関係性が直接的に検証されたことが明確にわかるフィラー・ギャップ依存関係に関する L1・L2 文解析研究を紹介する。

4.1 前提となる文解析器の処理メカニズム

　フィラー・ギャップ依存関係とは、3.2 節において知覚の方略を紹介する際に述べたとおり、英語の *wh* 疑問文のような、表面上の位置と最終的に解釈される位置が異なる場合に、それらの間に構築されなければならない依存関係のことである。英語の *wh* 疑問文以外にもフィラー・ギャップ依存関

係を含む文は多く存在し、その 1 つが英語の関係節である。(8) の文には、*the book [that the author wrote]* という関係節が含まれている。

(8) We like the book [that the author wrote ___].

　このような関係節を処理する場合、関係節の主要部名詞（関係節の係り先となる名詞）*book* は、最終的に意味役割を与えられるために、関係節 [*that the author wrote ___*] 内の下線部の位置で解釈されなければならない。つまり、*book* がフィラーであり、下線部がギャップというフィラー・ギャップ依存関係が成り立っている。

　ヒトがこのような関係節を処理する際には、前節で紹介した能動的フィラー方略という処理方略が働くと考えられている（Frazier & Clifton, 1989 など）。能動的フィラー方略に従えば、(8) の文で *We like the book that* までが入力され、*book* が関係節の主要部であるということが判明した時点で、ヒトの文解析器はすぐさまギャップ位置の特定を開始する。その後、*the author* という関係節内の主語が入力されると、その次に最も早く出現する可能なギャップ位置は動詞の直接目的語位置であるため、文解析器はその位置にギャップを想定すると考えられる。

　このような能動的フィラー方略がヒトの文解析において働いていることを支持する経験的証拠の 1 つとして、もっともらしさの不一致効果（plausibility mismatch effect: Traxler & Pickering, 1996）という現象が知られている。この現象は、(9) のような関係節主要部名詞 *city* が動詞 *wrote* の直接目的語として意味的にもっともらしくない（semantically implausible）文と、意味的にもっともらしい (8) の文において、関係節内の動詞 *wrote* の読み時間を比較すると、(9) のような文のほうが読み時間が長くなるという現象である。

(9) We like the city [that the author wrote about ___].

　なぜこのもっともらしさの不一致効果が能動的フィラー仮説を支持する経験的証拠になりうるかというと、少なくとも動詞が入力された時点ではギャップの位置が確定していないにも関わらず、その時点ですでに動詞の直接目的語位置にギャップを予測的に想定していることをこの効果が示唆して

いるからである。

　(8) の関係節では、関係節主要部名詞 *book* が関係節内の動詞 *wrote* の直接目的語として意味的にもっともらしいが、(9) の関係節では、関係節主要部名詞 *city* が *wrote* の直接目的語として意味的にもっともらしくない。また、(8) と (9) の動詞以前の違いはこの関係節主要部名詞と関係節動詞との間の意味的なもっともらしさの違いのみである。したがって、動詞での読み時間の差は、この 2 つの要素間の意味的なもっともらしさの違いによって生じていると考えられる。

　動詞が入力された時点で、関係節主要部名詞と関係節動詞との間の意味的なもっともらしさが計算されているということは、つまりそれまでにこの 2 つの要素間に依存関係が構築されているということを意味する。なぜなら、関係節主要部名詞を関係節動詞の直接目的語として解釈していなければ、この 2 つの間の意味的なもっともらしさは計算され得ないはずだからである。したがって、もっともらしさの不一致効果は、動詞までの情報からだけではギャップ位置が確定しないにもかかわらず、その時点で文解析器が積極的・予測的にギャップ位置を想定し、フィラーとギャップとの依存関係を構築していることを示している。

4.2　前提となる文法規則

　一方で、フィラー・ギャップ依存関係は無制限にどのような構造にでも構築できるわけではなく、「島の制約」とよばれる文法的制約によって制限されている (Ross, 1967)。(10) の文では、関係節 *that the author ... saw* の中にもう 1 つ別の関係節 *who wrote regularly* が埋め込まれている。

(10)　The book [that the author [who wrote regularly] saw ＿＿] was named for an explorer.

　この文では、下線部で示されているようにフィラーである関係節主要部名詞 *book* に対応するギャップは外側の関係節の動詞 *saw* の直接目的語位置に存在する。一方で、(10) のような文において、内側の関係節の動詞 *wrote* の直接目的語位置にギャップを置くことは文法的に不可能である。内側にあ

る関係節からある要素を抜き出して、その外側にさらにもう 1 つ関係節を
作ることは文法的に許されないのである。つまり、関係節を「島」のように
見立てると、その外に要素が出られないように見えるため、このような文法
的制約のことを島の制約と呼ぶ[6]。

4.3　第一言語の文解析における「島の制約」

　ここで次に問題となるのが、このような関係節の島を含む文において、能
動的フィラー方略が働くと、果たして島の制約は遵守されるのかという問題
である。この問題は、処理アルゴリズムとしての文解析器がもつ文処理メカ
ニズムと計算理論としての文法規則との関連性を解明するうえで、理論的に
重要な問題である。

　もし文解析器が島の制約を遵守するならば、文解析器は内側の関係節の
中にはギャップを想定しないはずである。もしこの仮説が正しければ、(8)
の文と同様に関係節主要部名詞が動詞 *wrote* の直接目的語として意味的に
もっともらしくない (11) のような文と、先ほどの (10) のような文で、動
詞 *wrote* の読み時間を比較した場合、両者の間には読み時間の差は予測され
ない。なぜなら、(10) でも (11) でも、文法的な島として働く内側の関係節
内ではフィラー・ギャップ依存関係は構築されないはずであり、そもそも関
係節主要部 *book/city* と動詞 *wrote* との間の意味的なもっともらしさは処理
負荷に影響しないと考えられるためである。

(11)　The city [that the author [who wrote regularly] saw ___] was named for an
　　　explorer.

もしこのような結果が得られれば、それは文法と文解析器との間に密接な関
連性を仮定する透明性の仮説を支持する証拠となる。なぜならば、文解析器
が島の制約を遵守するということは、文法的制約と文解析器との間に密接な
関係が存在していることを示唆することになるためである。

　それに対して、知覚の方略や「十分よい」文解析などの理論は、文法と文

6　後に、関係節以外の他の様々な島も含めた一般的制約として「下接の条件 (subjacency
　condition)」という移動操作に関する文法的制約が提案されている (Chomsky, 1973)。

解析器との間にまったく関連性がないということを積極的に主張しているわ
けではないが、文解析において島の制約のような複雑な文法的制約が遵守さ
れているのならば、少なくとも文法と文解析器との関連性はそれらの理論が
仮定するほど希薄ではないと考えざるをえない。

　Traxler and Pickering（1996）は上記のような仮説を検証するために、英語
母語話者が（12）のような文を読んでいる最中の視線計測（eye-tracking）実
験を行った。ここで実験手法の説明をしておくと、読文中の視線計測実験と
は、実験参加者がスクリーンに呈示される文を読んでいる最中の視線の動き
を高精度のカメラによって記録することで、事前に定められた領域内で視線
が停留する時間（fixation）、つまり読み時間、や視線の読み戻り（regression）
などを計測する実験手法である。

（12）a. 島ナシ/ もっともらしい：

　　　We like the book [that the author wrote unceasingly and with great
　　　dedication about ＿＿] while waiting for a contract.

　　b. 島ナシ/ もっともらしくない：

　　　We like the city [that the author wrote unceasingly and with great
　　　dedication about ＿＿] while waiting for a contract.

　　c. 島アリ/ もっともらしい：

　　　We like the book [that the author [who wrote unceasingly and with great
　　　dedication] saw ＿＿] while waiting for a contract.

　　d. 島アリ / もっともらしくない：

　　　We like the city [that the author [who wrote unceasingly and with great
　　　dedication] saw ＿＿] while waiting for a contract.

（12a）と（12b）の文は（8）や（9）の文に対応するような、関係節の島を含ま
ない文であるのに対し、（12c）と（12d）の文は（10）や（11）の文に対応する
ような、関係節の島を含む文である。加えて、（12a）と（12c）の文では、関
係節主要部名詞 *book* が、動詞 *wrote* の直接目的語として意味的にもっとも

らしいが、(12b) と (12d) では、関係節主要部名詞 *city* が、動詞 *wrote* の直接目的語としては意味的にもっともらしくない。

　また、実際のギャップ位置は下線で示されている位置なのだが、能動的フィラー方略に従えば、文解析器はできるだけ早くフィラー・ギャップ依存関係を構築するために、関係節の島を含まない (12a) と (12b) の文では、少なくとも動詞 *wrote* が入力された時点ではその直後の直接目的語位置にギャップが想定されると考えられる。その場合、(12a) と (12b) との間で動詞 *wrote* の読み時間を比較すると、上述のとおりもっともらしさの不一致効果、つまり関係節主要部名詞 *city* が動詞 *wrote* の直接目的語として意味的にもっともらしくない (12b) のほうが (12a) よりも読み時間が長くなると予測される。

　一方で、もし文解析器が島の制約を遵守するのであれば、関係節の島の内部ではフィラー・ギャップ依存関係は構築されないため、関係節の島を含む (12c) と (12d) との間で動詞 *wrote* の読み時間を比較しても、もっともらしさの不一致効果、つまり両者の間の読み時間の差はないはずである。

　実験の結果、これらの予測どおり、(12a) と (12b) との間で動詞 *wrote* の読み時間を比較すると、関係節主要部名詞が動詞 *wrote* の直接目的語として意味的にもっともらしくない (12b) のほうが (12a) よりも読み時間が長かった一方で、関係節の島を含む (12c) と (12d) との間にはそのような読み時間差は観察されなかった。

　この実験結果は、文解析器が島の制約という文法規則を遵守しながら構造解析を実行していることを示している。つまり、文法と文解析器との間に密接な関連性が存在することを示唆している。よって、少なくとも L1 話者に関しては、文法と文解析器との間に密接な関連性を想定する透明性の仮説が想定するような文処理アルゴリズムが備わっていると考えられる。

4.4　第二言語の文解析における「島の制約」

　対して、L2 においては、浅い構造仮説で主張されているように、フィラー・ギャップ依存関係を L1 のようには正しく解析することができない可能性が指摘されている (Clahsen & Felser, 2006a; Marinis et al., 2005 など)。

そこで Omaki and Schulz (2011) は、Traxler and Pickering (1996) と同様の実験を、スペイン語を母語とする英語学習者に対して行うことで、L2 においても文解析器が文法的制約を遵守しながら文解析を行っているのかを検証した。その結果、スペイン語を母語とする英語学習者でも、英語母語話者と同様に、関係節の島を含まない (12b) のような文でのみもっともらしさの不一致効果による読み時間の増大が観察された。

　この結果は、スペイン語を母語とする英語学習者も、英語母語話者と同様に、島の制約という文法的制約を遵守しながら文解析を行っていることを示唆している。つまり、L2 においても、文法と文解析器との間には密接な関係性があると考えられる。また、Omaki and Schulz (2011) はスペインを母語とする英語学習者を対象に実験を行ったが、他にもドイツ語母語話者 (Cunnings et al., 2010) でも同様の結果が得られている。

　ただし、これらの言語は *wh* 移動に関して類型論的に英語と似た言語であるため、これらの研究結果だけでは、L1 と L2 の類型論的類似性によって、L2 である英語でも L1 と同様の文解析が可能であったという可能性も考えられる。しかし、*wh* 移動に関して英語と類型論的に異なる中国語 (Cunnings et al., 2010) や日本語 (Minemi & Hirose, 2019) を母語とする英語学習者でも同様の結果が得られており、学習者の母語に関係なく L2 の文理解においても、共通した文処理アルゴリズムが働いていると考えられる[7]。

4.5　まとめと今後の展望

　ヒトの言語能力の全容を解明するためには、それに対応する Marr の言う 3 つのレベルすべてを解明する必要があると考えられる (2.2 節)。Marr の 3 つのレベルすべてが解明されて初めてその対象となる認知処理の全容が解明されると考えるならば、2 つ目の表象・アルゴリズムレベルと 3 つ目のハー

7　ただし、Kim et al. (2015) のように L1・L2 の *wh* 移動に関する類型的な差異が L2 における文解析に影響を与えることを示唆する研究も報告されており、L1 が L2 の文理解にまったく影響を与えないというわけではない。しかし、L1・L2 間の類型論的な差異が文解析器に対してどのような影響を及ぼすのかという具体的な処理メカニズムに関する提案は未だなされていないのが現状である。

ドウェア実装レベルの研究の土台となる1つ目の計算理論レベルの研究が必要不可欠である。言語に関する研究においては、生成文法などの言語理論研究が1つ目の計算理論レベルの研究に対応すると考えられるため、2つ目の表象・アルゴリズムレベルの研究に対応すると考えられる言語処理研究を行うためには、そもそも言語処理アルゴリズムがその操作対象とする言語表象を規定している言語理論が必要不可欠である（Marantz, 2005など）。

　また、本章では扱わなかったが、3つ目のレベルであるハードウェア実装レベルの言語研究も盛んに行われている（Friederici, 2018, 2019; Friederici et al., 2017; Hagoort, 2019; Hagoort & Beckmann, 2019; Lau, 2018; Matchin & Hickok, 2020; Embick & Poeppel, 2015; Poeppel et al., 2012）。加えて近年では、本章で取り上げたようなヒトを対象に実験を行うことで言語に関する表象・アルゴリズムレベルの問題を解決しようとする、いわゆる「実験心理言語学」とは異なるアプローチで計算理論である理論言語学とハードウェア実装レベルである神経言語学とを繋ごうとする「計算心理言語学（computational psycholinguistics）」研究も活発である（Futrell et al., 2019; Futrell et al., 2020; Hale, 2001; Hale et al., 2018; Levy, 2008; Oseki & Marantz, 2020; Wilcox et al., 2018）。計算心理言語学は、サプライザル（surprisal）とよばれる、ある文脈における単語や文の負の対数確率を媒介に、ヒトの文解析アルゴリズムを計算論的にモデリングしようとしている。実験心理言語学が、ヒトを対象に実験を行うことで得られる反応時間や脳波などのデータを媒介に、ヒトの文処理アルゴリズムを解明しようとするのに対し、計算心理言語学はそのようなヒトのデータを計算モデルによって予測することを通して、同じ目標を達成しようと試みている。重要なのは、いずれのレベルの研究を行うにしても、3つのレベルのうち他の2つのレベルの研究との関連性を常に意識しながら研究を行うことである（Marantz, 2005; Embick & Poeppel, 2015; Sprouse & Lau, 2013）。

　また、L2における言語処理研究に関しては、Marrの3つのレベルにおける他の2つのレベルの研究との関連性だけでなく、L1における言語処理研究との関連性にも意識を向けた研究を行わなければならない。特にL2における文処理に関して、L1と異なる処理アルゴリズムを想定するのであれば、

なぜそのようなアルゴリズムを想定するのかという点に関して、その背景にある認知メカニズムを実証的に示さなければならない。

　例えば、先ほど挙げた浅い構造仮説では、L2 の文法が未完成であるために L2 の文理解においては L1 のような複雑な構造表象を構築することができないと主張されているが、浅い構造仮説では、何を以て L2 の文法が L1 の文法と同程度に成熟したとみなすのか、L2 獲得に関する理論が十分に提示されているとはいえない。

　また L2 において浅い文解析を生じさせるメカニズムとして、L1 と L2 では文解析に関わる記憶の符号化・想起メカニズムが異なると主張している研究も存在する（Cunnings, 2017; Felser, 2016）。これらの研究では、L2 においては文解析器が入力された情報を符号化する際に、文法規則などの統語的情報よりも文脈情報のほうが比重が高く符号化されるために、浅い構造的表象が構築されてしまうと主張されている。しかしながら、なぜ L2 においては情報の符号化の際に文脈情報の比重が高くなるのかはまだ明らかではない。このように、**L2 における言語処理研究では、L1 とは異なる浅い構造処理が行われる場合があるという経験的な事実は積み重なってきているものの、なぜ L2 においてそのような処理が行われるのかという具体的な処理メカニズムはまだ明らかになっていない。今後の研究では、経験的なデータの記述的一般化にとどまらず、ヒトの文処理メカニズムの解明に理論的な貢献を果たすような研究がなされることが期待される。**

読書案内

Berwick, R. and Weinberg, A. (1984). *The Grammatical Basis of Linguistic Performance: Language Use and Acquisition.* **The MIT Press.**
　本章の 3.3 節で紹介した透明性の仮説の紹介だけでなく、それに至るまでの文処理研究の発展の概観まで記している。文法と文解析器の関係性に関して詳細な議論が示されている。

坂本勉（1998）「人間の言語情報処理」シリーズ言語の科学 第 11 巻『言語科学と関連領域』第 1 章．岩波書店
　日本語で書かれた貴重な文理解研究の解説書。本章の 4.3 節でも紹介したとおり、DTC などの文処理研究の黎明期から透明性の仮説に関する研究が盛んに行われていた 1980–90 年代頃までの文理解研究の流れを具体的な研究事例などを挙げつつ紹介している。

van Gompel, R.（Ed.）(2013). *Sentence Processing.* **Current Issues in the Psychology of Language Vol. 3. The MIT Press.**
　文処理研究の入門書。本章でも主に焦点を当てた文法と文解析器との関係性というテーマだけでなく、幼児の文処理や意味処理など多岐にわたる文処理研究のテーマを網羅的にかつ詳細に解説している。

遊佐典昭・杉崎鉱司・小野創（2018）「最新の言語獲得研究と文処理研究の進展」言語学研究と言語学の進展シリーズ 第 3 巻『言語の獲得・進化・変化』第 1 部．開拓社
　文処理研究に関する章は第 6–11 章（執筆者：小野創）。文処理研究とは何かという基本的な話から最新の文処理研究までを具体的な研究事例などを含みながら解説している。

終章

認知システムの解明に向けて

　最後に、各章の内容を振り返りながら、本書の総括を行うこととしたい。

　まず第1章では、本書の射程を明示するとともに、第二言語を対象とする研究における、基礎科学的研究と、政策科学的・応用科学的研究の区別を述べた。そして、両者は相互に参照的な連携が推奨されつつも異なる研究方略が必要であることを強調した。第二言語習得研究は、特に日本においては英語教育に対する有用性を掲げて発展してきたという経緯もあり（小池, 1994; 村野井, 2006 ほか）、どちらかというとこれはまでは研究知見の応用可能性を拡張する形で議論が進んできたように思える。我々は教育実践と基礎科学が交わらないものだという考えをもってはいないが、その影響が及ぶ範囲に関して限界も認識すべき時にきていると思われる。藤垣（1996）は、メカニズム探究型の研究と、入力（要因）・出力（結果）の測定精度（因果関係の検証）を対象とする機能関連型の研究では、妥当性の要求水準の方向性が異なると述べている。この妥当性水準の方向性と研究の価値観が結びつくことで、特定の領域に属する研究者には、他の領域の研究が、自身の領域の妥当性の要求水準を満たしてしていないため「レベルが低く」みえてしまい、それが領域間のコミュニケーションを阻害することがあると指摘する。本書で指摘した第二言語認知システムを探究する研究のアプローチは、第二言語を対象とした広範囲に及ぶ研究の一領域に限定されるものであることをここに強調したい。第二言語を対象とする研究は、その一つのカテゴリーの中に

妥当性水準の異なる複数の領域が混在する研究分野である。そのことを認識したうえで有意義な領域間の交流を行うためには、自身の領域で必要とされる妥当性の要求水準を整備し認識したうえで、自身のアプローチが有効な範囲を自覚し、他領域のそれを尊重しつつ研究を進めていく必要があるだろう。この点に関しては、認知システムの解明を目指す領域以外の研究者とも協力し、今後さらなる議論が必要である。

　第1章で本書の対象を明示したのち、続く第2章では、これまでの第二言語研究における研究方略の概観を行ったうえで、その認知システム・メカニズム解明に必要とされる理論とその構築方法などに関して、ひとつの可能なアプローチを提案した。反証可能性を前面に出した理論構築とその検証のプロセスは古典的な部類に属する内容ではあるが、改めてその古典的議論に立ち返ることにより、多くの研究者が受け入れてきた記述的一般化に基づくアプローチの限界が明らかになった。もちろんここで紹介した研究方略は、理論の構築とその検証プロセスに主たる焦点があったため、科学的研究の手続きを包括的に扱えたわけではなく、実際のありうる手続きはより広範囲にわたることは言を俟たない。例えば、そもそも理論構築を目的としていない探索的研究も存在する。認知システム探究にあたって必要な「驚くべき現象」はしばしばそういった探索的研究によって発見されることもある（そしてそこで言語理論がどのように参照されうるかについては本章これまでで述べたとおりである）し、まったく他分野の理論から着想を得て第二言語研究への応用可能性を探るなどといったことも研究実践としては可能である。本書はそれらを総花的に取り扱えたわけではないが、そういった様々な実践手順の多様性を否定しているわけではない。ただし、現象の記述や分類はそれ自体が第二言語の認知システムやその習得・処理のメカニズム自体を説明することにはならないことや、過去にL2研究が扱ってきた発達段階の現象などはそれ自体が説明の対象になるといったことは、基礎科学としての第二言語研究者が認識すべき点として再度強調したい。

　第4章・第5章では、言語理論を様々な目的で利活用した研究方略の実際を見てきた。第4章で扱った生成文法に基づく言語研究においては、多くの場合は言語理論が研究に必要な予測を提供し、また説明に利用されてい

ることが示された。第 5 章で扱った言語処理研究では、処理システムを解明するために、計算理論レベル、表象・アルゴリズムレベル、ハードウェア実装レベルの三つのレベルでの探究が必要であり、計算理論レベルとして理論言語学、表象・アルゴリズムレベルとして心理言語学の研究が位置づけられることを述べた。そして、言語学的理論と心理言語学的研究がどのような接点をもって発展してきたかについて俯瞰した。これら第 4 章・第 5 章によって、様々な第二言語研究における言語学的理論の活用のされ方が具体例をもって示されたことと思う。

　認知システムの探究を目指す第二言語研究において十分に議論されているとは言えない課題は数多くある。たとえ UG が第二言語習得において働くという立場をとったとしても、第二言語学習者の文法知識が、入力によってもたらされる情報との相互作用によって変容することは疑いようがない[1]。ここで重要なのは、第二言語習得の情報源になるものが、入力そのものではなく、言語処理の結果であるということである。外界から入力される言語情報は言語処理装置にとっての入力であり、文法獲得装置にとっての入力は、言語処理の出力である。したがって、第二言語習得は、第二言語の言語処理能力に依存することになる。一方で、第二言語処理が、第二言語習得の状態に依存することも考えられる。なぜなら、言語処理装置は、文法知識に従って可能な限り正しい表象を構築しようとするからである。つまり、第二言語習得と処理は相互依存の関係にある。しかし、現時点において、第二言語習得と言語処理の相互作用メカニズムについて反証可能性をもつ明示的なモデルが提案されているとは言えない。第 2 章で述べた、従来の「認知的アプローチ」において提唱された理論（インプット・アウトプット・インタラクション仮説, Krashen, 1981; Long, 1980; 1996; Swain, 1985 など）は、第二言語習得と言語処理の相互作用があることを示しつつも（またその習得上・指導上の重要性を強調しつつも）、その相互作用の認知的メカニズムについての具体的な説明が十分に与えられてきたとは言い難い。例えばインプット仮説は、インプットを第二言語習得の必要十分条件であると述べ、インプット

1　これは第二言語学習者がもつ知識の変化は入力によってもたらされる情報のみによって生じるという意味ではない（第 3 章参照）。

の重要性を強調しているが、インプットが与えられた結果として心的にどのように言語システムの変容が生じるかといった詳細なメカニズムにまでは言及できてきない。アウトプット仮説やインタラクション仮説も、インプット仮説を前提に発展した議論であり、理解可能なインプットが学習者に適切に与えられるためにはどのようなことが大事であるかということを重視し論じてはいるが、同様の理由でシステム変容のメカニズムそれ自体を十分に説明しているとは言い難い。

これまでの第二言語研究がそのような状況にある理由として、本書ではここまで第二言語研究で用いられてきた研究方略的な問題点を指摘してきた。ここまでの指摘のように、従来の研究方略に内在する構造的問題によってメカニズムの探究がうまく行かないとすれば、研究者はその探究方法に関して根本的な反省を迫られることとなる。そのような反省のなかで、メカニズム探究に対する本書の提言は、重要な意味をもつと筆者らは考えている。

第二言語習得の理論は、もともとは第二言語の認知システム（中間言語システム）を明らかにするという問題意識に端を発すると言われている（Gass et al., 2020; R. Ellis, 2015 など）。その後、学習者の内的要因だけを対象としたいわゆる認知主義が、その捨象するものの多さにその「外部」から批判を受けてきたことは第2章で述べたとおりである。SLA研究は広範な対象をもつが故に、認知システムを探究するのみでは第二言語に関わる広範囲な現象を十分に理解できないことは明らかであるので、そのような問題意識から様々な認識論が提示されることは自然な流れであったと言える。一方で、認知システム探究の方略そのものがその認識論において認知システム解明を目指す研究者の「内部」から批判にさらされることはそれほど多くなく、その点は本書のもつ新奇な特徴であると考えている。

もちろん、科学的探究において「このようにすれば真実に近づくことができる」といったような唯一無二の方法が存在しないことは、自然科学や科学哲学の歴史を振り返るまでもなく明らかである。しかしながら私たちは過去の方法論を顧みることで反省から学び、よりよいと思える方向に向けて修正を繰り返しながら実践を進めていくことができ、またそれが絶えず求められている。本書が示したのはその可能な方向性の一端であり、それもまた時間

をかけて精査される対象となるべきものである。本書の提示した暫定的な結論に関する判断の評価を読者に委ね、本書の締め括りとしたい。

おわりに

　2019 年、COVID-19 によるパンデミックが本格化する直前の夏、宮城県の東北大学で開催された言語科学会の国際年次大会にて、本書の著者たちは一堂に会する機会に恵まれた。本書執筆時点の 2022 年ではあまりない光景になってしまったが、懇親会に多くの人が集まり、我々一同を含むそこに居合わせた若手研究者たちは言語研究の話題で大いに盛り上がり、若手研究者としての苦労を分かち合い、意気投合した。編者の 3 人は偶然にも同じ 1988 年生まれの同世代で、著者のもう 2 人はそれより少し若く、それぞれ異なるバックグラウンドをもち異なる分野で研究を行っていたが、いずれもすでに国際学会発表や国際誌投稿を活発に行っており、相互に大変な刺激を受けた。

　その後、我々は、学際的な交流を求めて、若手を中心に広く心理言語学を扱う研究会を立ち上げた。研究会には本書の編著者以外にも多くの若手研究者が集い、闊達な意見交換が行われた。その第一回目の例会で、矢野は心理言語学と理論言語学の歴史的関係を論じ、峰見はそれを受けて第一・第二言語の文処理研究の最先端を報告した。また、木村は何かと誤解されがちな生成文法の理論を丁寧に解説し、第二言語における理論的変遷を概観した。第二回目の例会では、田村が「明示的・暗示的知識」の方法論的問題点を指摘し、福田が第二言語習得研究における科学観・言語観・研究方略やそこに内在する問題点について論じた。いずれの発表も、わかっていたようで理解が曖昧であった隣接分野の仮説・理論・研究方略へ理解を深め、他分野からみると当たり前に思われることが自分野においては当たり前ではないということへの気づきを惹起するものであった。あらゆる研究分野にはその分野固有の問題点があるものだが、個々人が気づいてもいなかった問題点に光が当てられ、また研究を実施するうえで悩まされ続けてきた問題へヒントが与えられるような貴重な機会を得ることができた。そのような交流の結果に生まれたのが本書の構想であり、本書は特に交流のなかで得た豊かな知見のうち第

二言語研究に焦点を当て、ひとつの提言としてまとめたものである。

　我々の交流は執筆・編集のプロセスのなかでより濃厚なものとなった。執筆なかで様々な疑問や矛盾点が浮かぶたび、オンラインで極めて活発な議論がなされ、そのプロセスも確実に本書の質を向上させる結果となった。

　本書の編集プロセスは、各々の執筆者が大学教員の仕事や博士論文執筆に忙殺されるなどし、また変則的な授業・研究活動を余儀なくされた時流のなかでなかなか思うように進まないことも多かったが、くろしお出版の池上達昭氏には、書籍執筆・編集経験の浅い私たちの多くの相談に乗っていただいた。元気な若手の企画を応援したいと、企画初期段階から様々なご支援をくださったことに心より感謝したい。また、本書の第一稿をお読みいただき、多くのご意見をくださった北海学園大学の浦野研先生と、北陸大学の川村拓也先生にも心より感謝を申し上げたい。最後に、本書執筆の前段階の研究会発表において議論を共にしてくださった方々をはじめ、本書に関わってくださったすべての方々に、この場を借りて感謝申し上げたい。

編者一同

参照文献

〈欧文参照文献〉

Adjemian, C.（1976）. On the nature of interlanguage systems. *Language Learning*, 26(2), 297–320.

Ahmadian, M. J.（2011）. The effect of 'massed' task repetitions on complexity, accuracy and fluency: Does it transfer to a new task? *The Language Learning Journal*, 39(3), 269–280. https://doi.org/10.1080/09571736.2010.545239

Anderson, J. R. & Lebiere, C.（1998）. *The Atomic Components of Thought*. Mahwah, NJ: Erlbaum.

Atkinson, D.（Ed.）.（2011）. *Alternative Approaches to Second Language Acquisition*. Hoboken, NJ: Taylor and Francis.

Bailey, N., Madden, C., & Krashen, S. D.（1974）. Is there a "natural sequence" in adult second language learning? *Language Learning*, 24(2), 235–243.

Barss, A.（1986）. *Chains and Anaphoric Dependence: On Reconstruction and Its Implications* [Unpublished doctoral dissertation]. MIT.

Berwick, R. C. & Weinberg, A. S.（1984）. *The Grammatical Basis of Linguistics Performance: Language Use and Acquisition*. Cambridge, MA: MIT Press.

Bever, T. G.（1970）. The cognitive basis for linguistic structures. In J. R. Hayes（Ed.）, *Cognition and the Development of Language*（pp. 279–362）. New York: Wiley.

Bhaskar, R.（1975）. *A Realist Theory of Science*. Routledge. 式部信訳（2009）『科学と実在論：超越論的実在論と経験主義批判』法政大学出版局

Bhaskar, R.（2010）. *Reclaiming Reality: A Critical Introduction to Contemporary Philosophy*. Routledge.

Bialystok, E.（1978）. A theoretical model of second language learning. *Language learning*, 28(1), 69–83.

Bley-Vroman, R. W., Felix, S. W., & Ioup, G. L.（1988）. The accessibility of universal grammar in adult language learning. *Second Language Research*, 4(1), 1–32.

Block, D.（2003）. *The Social Turn in Second Language Acquisition*. Washington, DC: Georgetown University Press.

Bobaljik, J. D.（2002）. Syncretism without paradigms: Remarks on Williams 1981, 1994. *Yearbook of Morphology* 2001, 53–85.

Bobaljik, J. D.（2012）. *Universals in Comparative Morphology*. Cambridge, MA: MIT Press.

Borsboom, D.（2005）. *Measuring the mind: Conceptual issues in contemporary psychometrics*.

Cambridge: Cambridge University Press.

Borsboom, D., Cramer, A. O. J., Kievit, R. A., Zand Scholten, A., & Franić, S. (2009). The end of construct validity. In R. W. Lissitz (Ed.), *The Concept of Validity* (pp. 135–170). Charlotte, NC: Information Age Publishers.

Borsboom, D., Mellenbergh, G. J., & van Heerden, J. (2004). The concept of validity. *Psychological Review*, 111(4), 1061–1071.

Bollen, K. & Lennox, R. (1991). Conventional wisdom on measurement: A structural equation perspective. *Psychological Bulletin*, 110(2), 305–314.

Bresnan, J. (1972). *Theory of Complementation in English Syntax* [Unpublished doctoral dissertation]. MIT.

Carnap, R. (1956). The methodological character of theoretical concepts. *Minnesota Studies in the Philosophy of Science:1*. Minnesota: University of Minnesota Press. 竹尾治一郎訳 (2003)「理論的概念の方法論的性格」永井成男・内田種臣 (編)『カルナップ哲学論集〈復刻版〉』紀伊國屋書店.

Carnap, R. (1966). *Philosophical foundations of physics*. New York: Basic Books 沢田允茂・中山浩二郎・持丸悦朗訳 (1968)『物理学の哲学的基礎：科学の哲学への序説』岩波書店.

Carroll, S. (2001). *Input and Evidence: The Raw Material of Second Language Acquisition*. Amsterdam: Benjamins.

Cho, J. & Slabakova, R. (2014). Interpreting definiteness in a second language without articles: The case of L2 Russian. *Second Language Research*, 30(2), 159–190.

Choi, M-H. (2009). Acquiring Korean wh-in situ constructions by native English speakers. *Language Research*, 45(2), 349–392.

Chomsky, N. (1957). *Syntactic Structures*. The Hague: Mouton.

Chomsky, N. (1965). *Aspects of the Theory of Syntax*. Cambridge, MA: MIT Press.

Chomsky, N. (1973). Conditions on transformations. In S. R. Anderson & P. Kiparsky (Eds.), *A Festschrift for Morris Halle* (pp. 232–286). Holt, Rinehart & Winston.

Chomsky, N. (1981). *Lectures on Government and Binding*. Dordrecht: Foris Publications.

Chomsky, N. (1986). *Knowledge of Language: Its Nature, Origin, and Use*. New York: Praeger.

Chomsky, N. (1995). *The Minimalist Program*. Cambridge, MA: MIT Press.

Chomsky, N. (2000). Minimalist inquiries: The framework. In R. Martin, D. Michaels, & J. Uriagereka (Eds.) *Step by Step: Essays on Minimalism in Honor of Howard Lasnik* (pp. 89–155). Cambridge, MA: MIT Press.

Chomsky, N. (2001). Derivation by phase. In M. Kenstowicz (Ed.) *Ken Hale: A Life in Language* (pp. 1–52). Cambridge, MA.: MIT Press.

Chomsky, N. (2013). Problems of projection. *Lingua*, 130, 33–49.

Chomsky, N. (2015). Problems of projection: Extensions. In E. Di Domenico, C. Hamann, & S. Matteini (Eds.) *Structures, Strategies and Beyond: Studies in Honour of Adriana*

Belletti (pp. 3–16). Amsterdam: John Benjamins.

Chomsky, N., Gallego, Á., & Ott, D. (2019). Generative grammar and the faculty of language: Insights, questions, and challenges. *Catalan Journal of Linguistics 2019*, 229–261.

Clahsen, H. & Felser, C. (2006a). Grammatical processing in language learners. *Applied Psycholinguistics*, 27(1), 3–42.

Clahsen, H. & Felser, C. (2006b). Continuity and shallow structures in language processing. *Applied Psycholinguistics*, 27(1), 107–126.

Clahsen, H. & Felser, C. (2006c). How native-like is non-native language processing? *Trends in Cognitive Sciences*, 10(12), 564–570.

Clahsen, H. & Felser, C. (2018). Some notes on the shallow structure hypothesis. *Studies in Second Language Acquisition*, 40(3), 693–706.

Corder, S. P. (1967). The significance of learners' errors. *International Review of Applied Linguistics*, 5(4), 161–170.

Crain, S. & Nakayama, M. (1987). Structure dependency in grammar formation. *Language*, 63, 522–543.

Crain, S. & Thornton, R. (1991). Recharting the course of language acquisition: Studies in elicited production. In N. A. Krasnegor & D. M. Rumbaugh (Eds.) *Biological and Behavioral Determinants of Language Development* (pp. 321–337). Hillsdale, NJ: Erlbaum.

Crain, S. & Thornton, R. (1998). *Investigations in Universal Grammar: A Guide to Experiments on the Acquisition of Syntax*. Cambridge, MA: MIT Press.

Crain, S. & Thornton, R. (2012). Syntax acquisition. *WIREs Cognitive Science*, 3, 185–203.

Cronbach, L. J. & Meehl, P. E. (1955). Construct validity in psychological tests. *Psychological Bulletin,* 52(4), 281–302.

Cummins, R. (2010). 'How does it work?' vs. 'What are the laws?' In R. Cummins (Ed.), *The world in the head*. Oxford: Oxford University Press.

Cunnings, I. (2017). Parsing and working memory in bilingual sentence processing. *Bilingualism: Language and Cognition*, 20(4), 659–678.

Cunnings, I., Batterham, C., Felser, C., & Clahsen, H. (2010). Constraints on L2 learners' processing of wh-dependencies: Evidence from eye movements. In B. VanPatten & J. Jegerski (Eds.), *Research in Second Language Processing and Parsing* (pp. 87–110). Amsterdam: John Benjamins.

Danermark, B., Ekstrom, M., Jakobsen, L., & Karlsson, J. C. (2001). *Explaining Society: An Introduction to Critical Realism in the Social Sciences* (First edition). Routledge.

DeKeyser, R. (2020). Skill acquisition theory. In B. VanPatten, G. D. Keating, & S. Wulff (Eds.) *Theories in Second Language Acquisition: An Introduction*. (third edition) (pp. 83–104). Routledge.

Dekydtspotter, L., Sprouse, R. A., & Anderson, B. (1997). The interpretive interface in L2 acquisition: The process-result distinction in English-French interlanguage grammars.

Language Acquisition, 6(4), 297–332.

Dekydtspotter, L., Sprouse, R. A., & Anderson, B. (1998). Interlanguage A-bar dependencies: Binding construals, null prepositions, and Universal Grammar. *Second Language Research*, 14, 341–358.

Douglas Fir Group. (2016). A transdisciplinary framework for SLA in a multilingual world. *The Modern Language Journal*, 100(S1), 19–47.

Dulay, H. C. & Burt, M. K. (1974). Natural sequences in child second language acquisition. *Language Learning*, 24, 37–53.

Edwards, J. R. & Bagozzi, R. P. (2000). On the nature and direction of relationships between constructs and measures. *Psychological Methods*, 5(2), 155–174.

Ellis, N. C. (2005). At the interface: Dynamic interactions of explicit and implicit language knowledge. *Studies in Second Language Acquisition*, 27(2), 305–352. https://doi.org/10.1017/S027226310505014X

Ellis, N. C. (2019). Essentials of a theory of language cognition. *The Modern Language Journal*, 103(S1), 39–60.

Ellis, N. C. & Larsen-Freeman, D. (2009). *Language as a Complex Adaptive System*. Oxford: Wiley-Blackwell.

Ellis. R. (1994). A theory of instructed second language acquisition. In N. Ellis (Ed.). *Implicit and Explicit Learning of Languages* (pp. 79–114). San Diego: Academic Press.

Ellis, R. (2005). Measuring implicit and explicit knowledge of a second language: A psychometric study. *Studies in Second Language Acquisition*, 27(2), 141–172.

Ellis, R. (2008). *The Study of Second Language Acquisition*. Oxford: Oxford University Press.

Ellis, R. (2015). *Understanding Second Language Acquisition* (second edition). Oxford: Oxford University Press.

Ellis, R. (2016). Focus on form: A critical review. *Language Teaching Research*, 20(3), 405–428. https://doi.org/10.1177/1362168816628627

Ellis, R., Loewen, S., Elder, C., Erlam, R., Philp, J., Reinders, H. (2009). *Implicit and Explicit Knowledge in Second Language Learning, Testing and Teaching*. Multilingual Matters.

Embick, D. & Noyer, R. (2007). Distributed morphology and the syntax-morphology interface. In G. Ramchand & C. Reiss (Eds.) *The Oxford Handbook of Linguistic Interface*s (pp. 289–324). Oxford: Oxford University Press.

Embick, D. & Poeppel, D. (2015). Towards a computational(ist) neurobiology of language: Correlational, integrated and explanatory neurolinguistics. *Language, Cognition and Neuroscience*, 30(4), 357–366.

Erickson, T. D. & Mattson, M. E. (1981). From words to meaning: A semantic illusion. *Journal of Verbal Learning and Verbal Behavior*, 20(5), 540–551.

Felser, C. (2001). Wh-expletives and secondary predication: German partial wh-movement reconsidered. *Journal of Germanic Linguistics*, 13(1), 5–38.

Felser. C. (2004). Wh-copying, phases, and successive cyclicity. *Lingua*, 114(5), 543–574.

Felser, C. (2016). Binding and coreference in non-native language processing. In A. Holler & K. Suckow (Eds.), *Empirical Perspectives on Anaphora Resolution: Information Structural Evidence in the Race for Salience* (pp. 229–253). Berlin: De Gruyter.

Felser, C., Roberts, L., Marinis, T., & Gross, R. (2003). The processing of ambiguous sentences by first and second language learners of English. *Applied Psycholinguistics*, 24(3), 453–489.

Ferreira, F., Bailey, K. G. D., & Ferraro, V. (2002). Good-enough representations in language comprehension. *Current Directions in Psychological Science*, 11(1), 11–15.

Ferreira, F. & Patson, N. D. (2007). The 'good enough' approach to language comprehension. *Language and Linguistics Compass*, 1(1–2), 71–83.

Finer, D. & Broselow, E. (1986). Second language acquisition of reflexive binding. *NELS*, 16, 154–168.

Fodor, J. A., Bever, T. G., & Garrett, M. F. (1974). *The Psychology of Language*. New York: McGraw-Hill.

Fodor J. A. & Garrett, M. (1967). Some syntactic determinants of sentential complexity. *Perception and Psychophysics*, 2(7), 289–296.

Fornell, C., & Bookstein, F. L. (1982). Two structural equation models: LISREL and PLS applied to consumer exit-voice theory. *Journal of Marketing Research*, 19(4), 440–452.

Frazier, L. (1978). *On Comprehending Sentences: Syntactic Parsing Strategies* [Unpublished doctoral dissertation]. University of Connecticut.

Frazier, L. (1987). Syntactic processing: Evidence from Dutch. *Natural Language and Linguistic Theory*, 5(4), 519–559.

Frazier, L. & Clifton, C. (1989). Successive cyclicity in the grammar and the parser. *Language and Cognitive Processes*, 4(2), 93–126.

Frazier, L. & Flores d'Arcais, G. B. (1989). Filler driven parsing: A study of gap filling in Dutch. *Journal of Memory and Language*, 28(3), 331–344.

Frazier, L. & Fodor, J. D. (1978). The sausage machine: A new two-stage parsing model. *Cognition*, 6(4), 291–326.

Friederici, A. D. (2018a). The neural basis for human syntax: Broca's area and beyond. *Current Opinion in Behavioral Sciences*, 21, 88–92.

Friederici, A. D. (2018b). Hierarchy processing in human neurobiology: How specific is it? *Philosophical Transactions of the Royal Society* B, 37, 520180391.

Friederici, A. D., Chomsky, N., Berwick, R. C., Moro, A., & Bolhuis, J. J. (2017). Language, mind and brain. *Nature Human Behaviour*, 1(10), 713–722.

Fukuda, M. (1993). Head Government and Case marker drop in Japanese. *Linguistic Inquiry*, 24(1), 168–172.

Fukuda, S., Tanaka, N., Ono, H., & Sprouse, J. (2022). An experimental reassessment of complex NP islands with NP-scrambling in Japanese. *Glossa: A Journal of General*

Linguistics, 7.

Fukuta, J., Nishimura, Y., & Tamura, Y.（2022）. Pitfalls of production data analysis for investigating L2 cognitive mechanism: An ontological realism perspective. *Journal of Second Language Studies*. https://doi.org/10.1075/jsls.21013.fuk

Futrell, R., Gibson, E., & Levy, R. P.（2020）. Lossy-context surprisal: An information-theoretic model of memory effects in sentence processing. *Cognitive Science*, 44（3）, e12814.

Futrell, R., Wilcox, E., Morita, T., Qian, P., Ballesteros, M., & Levy, R.（2019）. Neural language models as psycholinguistic subjects: Representations of syntactic state. *Proceedings of the 2019 Conference of the North American Chapter of the Association for Computational Linguistics: Human Language Technologies*, Volume 1（Long and Short Papers）, 32–42.

Gass, S. M.（1988）. Integrating research areas: A framework for second language studies. *Applied linguistics*, 9（2）, 198–217.

Gass, S. M.（1997）. *Input, Interaction, and the Second Language Learner*. Mahwah, NJ: Lawrence Erlbaum Associates.

Gass, S. M., Behney, J., & Plonsky, L.（2020）. *Second Language Acquisition: An Introductory Course*. Routledge.

Gass, S. M., Mackey, A., & Pica, T.（Eds.）.（1998）. The role of input and interaction in second language acquisition [Special Issue]. *The Modern Language Journal*, 82（3）, 299–307. https://doi.org/10.1111/j.1540-4781.1998.tb01206.x

Gil, K-H. & Marsden, H.（2013）. Existential quantifiers in second language acquisition: A feature reassembly account. *Linguistic Approaches to Bilingualism*, 3（2）, 117–149.

Goad, H. & White, L.（2004）. Ultimate attainment of L2 inflection: Effects of L1 prosodic structure. In S. H. Foster-Cohen, M. Sharwood Smith, A. Sorace, & M. Ota（Eds.）*EUROSLA Yearbook 4*（pp. 119–145）. Amsterdam/ Philadelphia: John Benjamins.

Goad, H. & White, L.（2006）. Ultimate attainment in interlanguage grammars: A prosodic approach. *Second Language Research*, 22（3）, 243–268.

Goad, H. & White, L.（2019）. Prosodic effects on L2 grammars. *Linguistic Approaches to Bilingualism*, 9（6）, 769–808.

Goad, H., White, L., & Steele, J.（2003）. Missing inflection in L2 acquisition: Defective syntax or L1-constrained prosodic representations? *Canadian Journal of Linguistics*, 48（3–4）, 243–263.

Goldberg, A. E.（2019）. *Explain Me This: Creativity, Competition, and The Partial Productivity of Constructions*. Princeton University Press.

Goldschneider, J. M., & DeKeyser, R. M.（2001）. Explaining the "natural order of L2 morpheme acquisition" in English: A meta-analysis of multiple determinants. *Language Learning*, 51（1）, 1–50.

Gregg, K. R.（1993）. Talking explanation seriously; or, let a couple of flowers bloom. *Applied Linguistics*, 14（3）, 276–294.

Gregg, K. R. (1996). The logical and developmental problems of second language acquisition. In W. Ritchie & T. Bhatia (Eds.), *Handbook of Second Language Acquisition* (pp. 49–81). San Diego, CA: Academic Press.

Guo Y. (2022). From a simple to a complex aspectual system: Feature reassembly in L2 acquisition of Chinese imperfective markers by English speakers. *Second Language Research*, 38(1), 89–116.

Gutiérrez, X. (2013). The construct validity of grammaticality judgment tests as measures of implicit and explicit knowledge. *Studies in Second Language Acquisition*, 35(3), 423–449.

Hacking, I (1983). *Representing and intervening: Introductory topics in the philosophy of natural science*. Cambridge university press.

Hagoort, P. (2019). The neurobiology of language beyond single-word processing. *Science*, 366(6461), 55–58.

Hagoort, P. & Beckmann, C. F. (2019). Key issues and future directions: The neural architecture for language. In P. Hagoort (Ed.), *Human Language: From Genes and Brains to Behavior* (pp. 527–532). Cambridge, MA: MIT Press.

Hakes, D., Evans, J., & Brannon, L. (1976). Understanding sentences with relative clauses. *Memory and Cognition*, 4(3), 283–296.

Hale, J. (2001). A probabilistic early parser as a psycholinguistic model. *Proceedings of the Second Meeting of the North American Chapter of the Association for Computational Linguistics on Language Technologies*, 1–8.

Hale, J., Dyer, C., Kuncoro, A., & Brennan, J. (2018). Finding syntax in human encephalography with beam search. *Proceedings of the 56th Annual Meeting of the Association for Computational Linguistics*, 2727–2736.

Halle, M. & Marantz, A. (1993). Distributed morphology and the pieces of inflection. In K. Hale & S. J. Keyser (Eds.) *The View from Building 20* (pp. 111–176). Cambridge, MA: MIT Press.

Harley, H. & Noyer, R. (1999). Distributed Morphology. *Glot International*, 4(4), 3–9.

Hawkins, R. & Casillas, G. Y-H. (2008). Explaining frequency of verb morphology in early L2 speech. *Lingua*, 118(4), 595–612.

Hawkins, R. (2001). *Second Language Syntax*: *A Generative Introduction*. Oxford: Blackwell.

Hawkins, R. (2004). Explaining full and partial success in the acquisition of second language grammatical properties. *Second Language*, 4, 7–25.

Hawkins, R. & Chan, C. (1997). The partial availability of Universal Grammar in second language acquisition: The 'failed functional feature hypothesis'. *Second Language Research*, 13(3), 187–226.

Hawkins, R. & Hattori, H. (2006). Interpretation of English multiple wh-question by Japanese speakers: A missing uninterpretable feature account. *Second Language Research*, 22(3), 269–301.

Hawkins, R. & Liszka, S. (2003). Locating the source of defective past tense marking in advanced L2 English speakers. In R. van Hout, A. Hulk, F. Kuiken, & R. Towell (Eds.) *The Lexicon–Syntax Interface in Second Language Acquisition* (pp. 21–44). Amsterdam: John Benjamins.

Hawkins, R. (2019). *How Second Languages are Learned: An Introduction.* Cambridge: Cambridge University Press.

Haznedar, B. & Schwartz, B. D. (1997). Are there optional infinitives in child L2 acquisition? In E. Hughes, M. Hughes, & A. Greenhill (Eds.) *Proceedings of the 21st Annual Boston University Conference on Language Development* (pp. 257–268). Somerville, MA: Cascadilla Press.

Hicks, G. (2009). *The Derivation of Anaphoric Relations.* Amsterdam: John Benjamins.

Hirakawa, M. (1990). A study of the L2 acquisition of English reflexives. *Second Language Research*, 6, 60–85.

Hoji, H. (1985). *Logical Form Constraints and Configurational Structures in Japanese* [Unpublished doctoral dissertation]. MIT.

Holmes, V. (1973). Order of main and subordinate clauses in sentence perception. *Journal of Verbal Learning and Verbal Behavior*, 12(3), 285–293.

Hommel, B. (2020). Pseudo-mechanistic explanations in psychology and cognitive neuroscience. *Topics in Cognitive Science*, 12(4), 1294–1305.

Horvath, J. (1997). The status of "wh-expletives" and the partial wh movement construction of Hungarian. *Natural Language and Linguistic Theory*, 15, 509–572.

Housen, A. & Kuiken, F. (2009). Complexity, accuracy, and fluency in second language acquisition. *Applied Linguistics*, 30(4), 461–473.

Hwang, S. H. & Lardiere, D. (2013). Plural-marking in L2 Korean: A feature-based approach. *Second Language Research*, 29(1), 57–86.

Ionin, T., Ko, H., & Wexler, K. (2004). Article semantics in L2 acquisition: The role of specificity. *Language Acquisition*, 12(1), 3–69.

Ionin, T. & Wexler, K. (2002). Why is 'is' easier than '-s'?: Acquisition of tense/ agreement morphology by child second language learners of English. *Second Language Research*, 18(2), 95–136.

Isemonger, I. M. (2007). Operational definitions of explicit and implicit knowledge: Response to R. Ellis (2005) and some recommendations for future research in this area. *Studies in Second Language Acquisition*, 29(1), 101–118.

Jensen, I. N. Slabakova, R., Westergaard, M., & Lundquist, B. (2020). The bottleneck hypothesis: L1 Norwegian leaners' knowledge of syntax and morphology in L2 English. *Second Language Research*, 36(1), 3–29.

Jiang, N. (2007). Selective integration of linguistic knowledge in adult second language learning. *Language Learning*, 57(1), 1–33.

Johnson, J. & Newport, E. (1991). Critical period effects on universal properties of language:

The status of subjacency in the acquisition of a second language. *Cognition*, 39, 215–258.

Kane, M. T. (2006). Validation. In R. L. Brennan (Ed.). *Educational Measurement* (fourth edition) (pp. 17–64). Westport, Ct: American Council on Education and Praeger.

Kanno, K. (1996). The status of a non-parameterized principle in the L2 initial state. *Language Acquisition*, 5(4), 317–355.

Kanno, K. (1997). The acquisition of null and overt pronominals in Japanese by English speakers. *Second Language Research*, 13(3), 265–287.

Kanno, K. (2000). Case and the ECP revisited: Reply to Kellerman and Yoshioka (1999). *Second Language Research*, 16(3), 267–280.

Kimball, J. (1973). Seven principles of surface structure parsing in natural language. *Cognition*, 2(1), 15–47.

Kimura, T. (2013). *The Devselopment of Noun Phrase Structure in L2 Acquisition* [Unpublished BA thesis]. Chuo University.

Kimura, T. (2022). *Feature selection, feature reassembly, and the role of Universal Grammar: The Acquisition of Wh-questions by Japanese and Chinese Learners of English*. [Unpublished doctoral dissertation]. Chuo University.

Kimura, T. (to appear). Explaining the difficulty with the L2 acquisition of scope interpretation by speakers of a scope-rigid language. In T. Leal, T, E. Shimanskaya, & C. Isabelli (Eds.) *Generative SLA in the Age of Minimalism: Features, Interfaces and Beyond* (pp. 41–66). Amsterdam: John Benjamins.

Kimura, T. & Wakabayashi, S. (in prep). The role of Universal Grammar in reassembly of uninterpretable features: Arguments from the L2 acquisition of *wh*-questions. Manuscript, Chuo University.

King, J. & Just, M. A. (1991). Individual differences in syntactic processing: The role of working memory. *Journal of Memory and Language*, 30(5), 580–602.

Kiss, K. (1991). An argument for movement. In H. Haider & K. Netter (Eds.) *Representation and Derivation in the Theory of Grammar* (pp.199–215). Dordrecht: Kluwer.

Klein, E. (1995). Evidence for a 'wild' L2 grammar: When PPs rear their empty heads. *Applied Linguistics*, 16, 87–117.

Krashen, S. D. (1981). *Second Language Acquisition and Second Language Learning*. Oxford: Pergamon.

Kuiken, F. & Vedder, I. (2012). Syntactic complexity, lexical variation and accuracy as a function of task complexity and proficiency level in L2 writing and speaking. In A. Housen, F. Kuiken, & I. Vedder (Eds.), *Dimensions of L2 Performance and Proficiency: Complexity, Accuracy, and Fluency in SLA* (pp. 143–170). Amsterdam: John Benjamins.

Kuroda, S.-Y. (1988). Whether we agree or not: A comparative syntax of English and Japanese. *Lingvistica Investigationes*, 12(1), 1–47.

Lambert, C. & Kormos, J. (2014). Complexity, accuracy, and fluency in task-based L2 research: Toward more developmentally based measures of second language acquisition. *Applied Linguistics*, 35(5), 607–614.

Lambert, C., Kormos, J., & Minn, D. (2017). Task repetition and second language speech processing. *Studies in Second Language Acquisition*, 39(1), 167–196.

Lantolf, J. P. & Thorne, S. L. (2006). *Sociocultural Theory and the Genesis of Second Language Development*. Oxford: Oxford University Press.

Lardiere, D. (1998a). Case and tense in the 'fossilized' steady state. *Second Language Research*, 14(1), 1–26.

Lardiere, D. (1998b). Dissociating syntax from morphology in a divergent end-state grammar. *Second Language Research*, 14(4), 359–375.

Lardiere, D. (2005). On morphological competence. In L. Dekydtspotter, R. A. Sprouse, & A. Liljestrand (Eds.) *Proceedings of the 7th Generative Approaches to Second Language Acquisition Conference (GASLA 2004)* (pp. 178–192). Somerville, MA: Cascadilla Proceedings Project.

Lardiere, D. (2007). *Ultimate Attainment in Second Language Acquisition*. Mahweh, NJ: Lawrence Erlbaum Associates.

Lardiere, D. (2008). Feature assembly in second language acquisition. In J. M. Liceras, H. Zobl, & H. Goodluck (Eds.) *The Role of Formal Features in Second Language Acquisition* (pp. 106–140). London/New York: Lawrence Erlbaum Associates.

Lardiere, D. (2009). Some thoughts on the contrastive analysis of features in second language acquisition. *Second Language Research*, 25, 173–227.

Larsen-Freeman, D. (2006). The emergence of complexity, fluency, and accuracy in the oral and written production of five Chinese learners of English. *Applied Linguistics*, 27(4), 590–619.

Larsen-Freeman, D. & Cameron, L. (2008). *Complex Systems and Applied Linguistics*. Oxford: Oxford University Press.

Lau, E. (2018). Neural indices of structured sentence representation. *Psychology of Learning and Motivation*, 68, 117–142.

Law, P. (2010). Scrambling of Wh-phrases in Japanese. In R. Otoguro, K. Ishikawa, H. Umemoto, K. Yoshimoto, & Y. Harada (Eds.) *PACLIC 24 Proceedings* (pp. 463–470). Institute for Digital Enhancement of Cognitive Development, Waseda University.

Lawson, T. (1997). *Economics and Reality*. London: Routledge. 八木紀一郎・江頭進・葛城政明訳 (2003)『経済学と実在』日本評論社.

Levelt, W. J. M. (1989). *Speaking: From Intention to Articulation*. Cambridge, MA: MIT Press.

Levy, R. (2008). Expectation-based syntactic comprehension. *Cognition*, 106(3), 1126–1177.

Lewin, K. (1931). The conflict between Aristotelian and Galileian modes of thought in contemporary psychology. *The Journal of General Psychology*, 5(2), 141–177.

Lewis, S. & Phillips, C. (2015). Aligning grammatical theories and language processing models. *Journal of Psycholinguistic Research*, 44(1), 27–46.

Loewen, S. (2020). *Introduction to instructed second language acquisition* (second edition). Routledge. https://doi.org/10.4324/9781315616797

Loewen, S., & Sato, M. (2018). Interaction and instructed second language acquisition. *Language Teaching*, 51(3), 285–329. https://doi.org/10.1017/S0261444818000125

Long, M. H. (1980). *Input, Interaction, and Second Language Acquisition* [Unpublished doctoral dissertation]. University of California, Los Angeles.

Long, M. H. (1991). Focus on form: A design feature in language teaching methodology. In K.D. Bot, R. Ginsberg, & C. Kramsch (Eds.) *Foreign Language Research in Cross-Cultural Perspective* (pp. 39–52). Amsterdam: John Benjamins.

Long, M. H. (1996). The role of the linguistic environment in second language acquisition. In W. Ritchie & T. Bhatia (Eds.), *Handbook of Second Language Acquisition* (pp. 413–468). New York: Academic Press.

Lyster, R., & Ranta, L. (1997). Corrective feedback and learner uptake. *Studies in Second Language Acquisition*, 19(01). https://doi.org/10.1017/S0272263197001034

Mahajan, A. (1996). Wh-expletives and the syntax of partial wh-movement. In U. Lutz & G. Müller (Eds.) *Papers on wh-scope marking. Arbeitspapiere des SFB 340, Bericht No. 76* (pp. 163–177). Stuttgart and Tübingen: University of Stuttgart, University of Tübingen, and IBM Germany.

Mai, Z. & Yuan, B. (2016). Uneven reassembly of tense, telicity and discourse features in L2 acquisition of the Chinese shì... de cleft construction by adult English speakers. *Second Language Research*, 32(2), 247–276.

Marantz, A. (2005). Generative linguistics within the cognitive neuroscience of language. *The Linguistic Review*, 22, 429–445.

Marinis, T., Roberts, L., Felser, C., & Clahsen, H. (2005). Gaps in second language sentence processing. *Studies in Second Language Acquisition*, 27(1), 53–78.

Marr, D. (1982). *Vision: A Computational Investigation into the Human Representation and Processing of Visual Information*. San Francisco, CA: W. H. Freeman and Company.

Marsden, H. (2009). Distributive quantifier scope in English–Japanese and Korean–Japanese interlanguage. *Language Acquisition*, 16, 135–177.

Martohardjono, G. & Gair, J. (1993). Apparent UG inaccessibility in second language acquisition: Misapplied principles or principled misapplications? In F. Eckman (Ed.) *Confluence: Linguistics, L2 Acquisition and Speech Pathology* (pp. 79–103). Amsterdam: John Benjamins.

Matchin, W. & Hickok, G. (2020). The cortical organization of syntax. *Cerebral Cortex*, 30(3), 1481–1498.

McCarthy, C. (2008). Morphological variability in the comprehension of agreement: An argument for representation over computation. *Second Language Research*, 24, 459–486.

McDaniel, D. (1989). Partial and multiple wh-movement. *Natural Language and Linguistic Theory*, 7, 565–604.

Meisel, J. (1991). Principles of Universal Grammar and strategies of language learning: Some similarities and differences between first and second language acquisition. In L. Eubank. (Ed.) *Point Counterpoint: Universal Grammar in the Second Language* (pp. 231–276). Amsterdam: John Benjamins.

Meisel, J. (1997). The acquisition of the syntax of negation in French and German: Contrasting first and second language acquisition. *Second Language Research*, 13, 227–263.

Messick, S. (1989). Validity. In R. N. Linn (Ed.). *Educational Measurement* (third edition) (pp. 13–103). New York: National Council on Measurement in Education.

Miller, G. A., & Chomsky, N. (1963). Finitary models of language users. In R. D. Luce, R. R. Bush, & E. Galanter (Eds.), *Handbook of Mathematical Psychology* (pp. 419–491). New York: Wiley.

Miller, G. A., & McKean, K. O. (1964). A chronometric study of some relations between sentences. *Quarterly Journal of Experimental Psychology*, 16(4), 297–308.

Minemi, I. & Hirose, Y. (2019). Island constraints in L2 English sentence comprehension by Japanese speakers. *IEICE Technical Report*, 119(151), 1–6.

Miyagawa, S. (2003). A-movement scrambling and options without optionality. In S. Karimi (Ed.), *Word Order and Scrambling* (pp. 177–200). Oxford: Blackwell.

Miyamoto, Y. & Iijima., Y. (2003). On the existence of scrambling in the grammar of Japanese elementary EFL learners. *EuroSLA Yearbook*, 3, 7–27.

Momma, S. & Phillips, C. (2018). The relationship between parsing and generation. *Annual Review of Linguistics*, 4, 233–254.

Morgan-Short, K., Steinhauer, K., Sanz, C., & Ullman, M. T. (2012). Explicit and implicit second language training differentially affect the achievement of native-like brain activation patterns. *Journal of Cognitive Neuroscience*, 24(4), 933–947.

Newton-Smith, W. H. (1989). The truth in realism. *Dialectica*, 43(1–2), 31–45.

Nishigauchi, T. (1986). *Quantification in Syntax* [Unpublished doctoral dissertation]. University of Massachusetts, Amherst.

O'Grady, W. (2002). A linguistic approach to the study of language acquisition. *Second Language*, 1, 3–19.

Omaki, A. & Schulz, B. (2011). Filler-gap dependencies and island constraints in second-language sentence processing. *Studies in Second Language Acquisition*, 33(4), 563–588.

Ortega, L. (2009). *Understanding Second Language Acquisition*. London: Hodder Education.

Ortega, L. (2012). Epistemological diversity and moral ends of research in instructed SLA. *Language Teaching Research*, 16(2), 206–226.

Oseki, Y. & Marantz, A. (2020). Modeling human morphological competence. *Frontiers in Psychology*, 11, 513740.

Pallotti, G.（2009）. CAF: Defining, refining, and differentiating constructs. *Applied Linguistics*, 30（4）, 590–601.

Pallotti, G.（2015）. A simple view of linguistic complexity. *Second Language Research*, 31（1）, 117–134.

Papadopoulou, D. & Clahsen, H.（2003）. Parsing strategies in L1 and L2 sentence processing: A study of relative clause attachment in Greek. *Studies in Second Language Acquisition*, 25（4）, 501–528.

Parker, D.（2019）. Two minds are not always better than one: Modeling evidence for a single sentence analyzer. *Glossa: A Journal of General Linguistics*, 4（1）, 64.

Parodi, T.（2009）. Clitic doubling and clitic left dislocation in Spanish and Greek L2 grammars. In N. Snape, Y-K. I. Leung, M. Sharwood Smith.（Eds.）*Representational Deficits in SLA: Studies in Honor of Roger Hawkins*（pp. 167–185）. Amsterdam: John Benjamins.

Pérez-Leroux, A. T. & Glass, W. R.（1999）. Null anaphora in Spanish second language acquisition: Probabilistic versus generative approaches. *Second Language Research*, 15（2）, 220–249.

Pérez-Leroux, A. T. & Li, X.（1998）. Selectivity in the acquisition of complex NP islands. In E. Klein & G. Martohardjono（Eds.）*The Development of Second Language Grammars: A Generative Approach*（pp. 148–168）. Amsterdam: John Benjamins.

Phillips, C.（1996）. *Order and Structure* [Unpublished doctoral dissertation]. MIT.

Phillips, C., Wagers, M. W., & Lau, E. F.（2011）. Grammatical illusions and selective fallibility in real-time language comprehension. In J. Runner（Ed.）, *Experiments at the Interfaces*（Vol. 37, pp. 147–180）. Emerald Group Publishing Limited.

Pinker, S.（1986）. *Language Learnability and Language Development*. Cambridge: Harvard University Press.

Pierce, C. S.（1931–1935）. *Collected Papers of Charles Sanders Pierce*. Cambridge, MA: Harvard University Press. 米盛裕二・内田種臣・遠藤弘訳（1985–1989）『パース著作集』勁草書房.

Poeppel, D. & Embick, D.（2005）. Defining the relation between linguistics and neuroscience. In A. Cutler（Ed.）*Twenty-First Century Psycholinguistics: Four Cornerstones*（pp. 103–118）. New York: Routledge.

Poeppel, D., Emmorey, K., Hickok, G., & Pylkkänen, L.（2012）. Towards a new neurobiology of language. *Journal of Neuroscience*, 32（41）, 14125–14131.

Prévost, P. & White, L.（2000）. Missing surface inflection or impairment in second language acquisition? Evidence from tense and agreement. *Second Language Research*, 16（2）, 103–1 s 33.

Pritchett, B. L.（1992）. Parsing with grammar: Islands, heads, and garden paths. In H. Goodluck & M. Rochemont（Eds.）, *Island Constraints. Studies in Theoretical Psycholinguistics*（pp. 321–349）. Dordrecht: Springer.

Quicoli, A. C.（2008）. Anaphora by phase. *Syntax*, 11（3）, 299–329.

Radford, A. (1990). *Syntactic Theory and the Acquisition of English Syntax: The Nature of Early Child Grammars of English*. Oxford: Blackwell.

Radford, A. (2016). *Analysing English Sentences: A Minimalist Approach* (second edition). Cambridge: Cambridge University Press.

Rankin, T. & Unsworth, S. (2016). Beyond poverty: Engaging with input in generative SLA. *Second Language Research*, 32, 563–572.

Révész, A., Jeong, H., Suzuki, S., Cui, H., Matsuura, S., Saito, K., & Sugiura, M. (2022). *The neural correlates of silent pauses in L1 and L2 speech*. Paper presented at The 31st Conference of the European Second Language Association, Fribourg, Switzerland.

Reynolds, C. W. (1987, August). Flocks, herds and schools: A distributed behavioral model. *Proceedings of the 14th annual conference on Computer graphics and interactive techniques*. 25–34.

Robinson, P. J. (2011). Second language task complexity, the cognition hypothesis, language learning, and performance. In P. Robinson (Ed.), *Second language task complexity: Researching the Cognition Hypothesis of Language Learning and Performance* (pp. 2–38). Amsterdam: John Benjamins.

Ross, J. R. (1967). *Constraints on Variables in Syntax*. [Unpublished doctoral dissertation]. MIT.

Ryle, G. (1949). *The Concept of Mind*. London: Hutchinson. 坂本百台・宮下治子・服部裕幸訳 (1987)『心の概念』みすず書房.

Saito, M. (1985). *Some Asymmetries in Japanese and Their Theoretical Implications* [Unpublished doctoral dissertation]. MIT.

Saito, M. (1992). Long distance scrambling in Japanese. *Journal of East Asian Linguistics*, 1(1), 69–118.

Saito, M. (2003). A derivational approach to the interpretation of scrambling chains. *Lingua*, 113(4–6), 481–518.

Schmidt, R. (1990). The role of consciousness in second language learning. *Applied Linguistics*, 11(2), 129–158.

Schmittmann, V. D., Cramer, A. O. J., Waldorp, L. J., Epskamp, S., Kievit, R. A., & Borsboom, D. (2013). Deconstructing the construct: A network perspective on psychological phenomena. *New Ideas in Psychology*, 31(1), 43–53.

Schwartz, B. D. & Sprouse, R. A. (1994). Word order and Nominative Case in nonnative language acquisition: A longitudinal study of (Ll Turkish) German Interlanguage. In T. Hoekstra & B. D. Schwartz (Eds.) *Language Acquisition Studies in Generative Grammar* (pp. 317–368). Amsterdam: John Benjamins.

Schwartz, B. D. & Sprouse, R. A. (1996). L2 cognitive states and the Full Transfer/Full Access model. *Second Language Research*, 12(1), 40–72.

Schwartz, B. D. & Sprouse, R. A. (2000). When syntactic theories evolve: Consequences for L2 acquisition research. In J. Archibald (Ed.) *Second Language Acquisition and*

Linguistic Theory (pp. 156–186). Malden, MA: Blackwell.

Schwartz, B. D., & Sprouse, R. A. (2021). The Full Transfer/Full Access model and L3 cognitive states. Keynote article. In C. Flores & N. Snape (Eds.), *Linguistic Approaches to Bilingualism*, 11, 1–29.

Selinker, L. (1972). Interlanguage. *International Review of Applied Linguistics*, 10(3), 209–231.

Sharwood Smith, M. (1988a). On the role of linguistic theory in explanations of second language developmental grammars. In S. Flynn & W. O'Neil (Eds.) *Linguistic Theory in Second Language Acquisition* (pp. 173–198). Dordrecht, the Netherlands: Kluwer.

Sharwood Smith, M. (1988b). L2 acquisition: Logical problems and empirical solutions. In J. Pankhurst, M. Sharwood-Smith & P. Van Buren (Eds.) *Learnability and Second Languages: A Book of Readings* (pp. 9–35). Dordrecht: Foris.

Shibuya, M. & Wakabayashi, S. (2008). Why are L2 learners not always sensitive to subject-verb agreement? *EUROSLA Yearbook*, 8, 235–258.

Skehan, P. (1998). *A Cognitive Approach to Language Learning*. Oxford: Oxford University Press.

Skehan, P. (2009). Modelling second language performance: Integrating complexity, accuracy, fluency, and lexis. *Applied Linguistics*, 30(4), 510–532.

Skehan, P. (2014). The context researching a processing perspective on task performance. In P. Skehan (Ed.), *Processing Perspectives on Task Performance* (pp. 1–26). Amsterdam: John Benjamins.

Skehan, P. & Foster, P. (1997). Task type and task processing conditions as influences on foreign language performance. *Language Teaching Research*, 1(3), 185–211.

Skehan, P. & Foster, P. (2005). Strategic and on-line planning: The influence of surprise information and task time on second language performance. In R. Ellis (Ed.), *Planning and Task Performance in a Second Language* (pp. 193–216). Amsterdam: John Benjamins.

Slabakova, R. (2008). *Meaning in the Second Language*. New York: Mouton de Gruyter.

Slabakova, R. (2009). Features or parameters: Which one makes SLA easier, and more interesting to study? *Second Language Research*, 25(2), 313–324.

Slabakova, R. (2013). What is easy and what is hard to acquire in a second language: A generative perspective. In M. García Mayo, M. J. Gutiérrez Mangado, & M. Martínez-Adrián (Eds.) *Contemporary Approaches to Second Language Acquisition* (pp. 5–28). Amsterdam/Philadelphia, PA: John Benjamins.

Slabakova, R. (2014). The bottleneck of second language acquisition. *Foreign Language Teaching and Research*, 46(4), 543–559.

Slabakova, R. (2016). *Second Language Acquisition*. Oxford: Oxford University Press.

Slabakova, R. & Ivanov, I. (2011). A more careful look at the syntax-discourse interface. *Lingua*, 121(4), 637–665.

Sorace, A. (2011). Pinning down the concept of 'interface' in bilingualism. *Linguistic*

Approaches to Bilingualism, 1, 1–33.

Sorace, A. & Filiaci, F. (2007). Anaphora resolution in near-native speakers of Italian. *Second Language Research*, 22(3), 339–368.

Sorace, A. & Serratrice, L. (2009). Internal and external interfaces in bilingual language development: Beyond structural overlap. *International Journal of Bilingualism*, 13(2), 195–210.

Sprouse, J. & Lau, E. (2013). Syntax and the brain. In M. den Dikken (Ed.), *The Cambridge Handbook of Generative Syntax* (pp. 971–1005). Cambridge: Cambridge University Press.

Stowe, L. A. (1986). Parsing WH-constructions: Evidence for on-line gap location. *Language and Cognitive Processes*, 1(3), 227–245.

Sturt, P., Sanford, A. J., Stewart, A. & Dawydiak, E. (2004). Linguistic focus and good-enough representations: An application of the change-detection paradigm. *Psychonomic Bulletin and Review*, 11(5), 882–888.

Suda, K. & Wakabayashi, S. (2007). The acquisition of pronominal case-marking by Japanese learners of English. *Second Language Research*, 23(2), 179–214.

Suzuki, Y. (2017). Validity of new measures of implicit knowledge: Distinguishing implicit knowledge from automatized explicit knowledge. *Applied Psycholinguistics*, 38(5), 1229–1261.

Suzuki, K. (2019). Intervention effects in relative clause production in L2 English. Unpublished poster presented at Generative Approaches to Second Language Acquisition (GASLA XV), Reno, NV, USA.

Suzuki, Y. & DeKeyser, R. (2015). Comparing elicited imitation and word monitoring as measures of implicit knowledge. *Language Learning*, 65(4), 860–895.

Suzuki, Y., Jeong, H., Cui, H., Okamoto, K., Kawashima, R., & Sugiura, M. (2022). An fMRI validation study of the word-monitoring task as a measure of implicit knowledge: Exploring the role of explicit and implicit aptitudes in behavioral and neural processing. *Studies in Second Language Acquisition*. https://doi.org/10.1017/S0272263122000043

Swain, M. (1985). Communicative competence: Some roles of comprehensible input and comprehensible output in its development. In S. Gass & C. Madden (Eds.), *Input in Second Language Acquisition* (pp. 235–253). Rowley, MA: Newbury House.

Takahashi, S. (2019). Putative null pronominals in English: Causes and consequences. *Studia Linguistica*, 73(3), 650–682.

Tokimoto, S. (2019). Why island constraint is weaker in Japanese than in English: A processing perspective. *Open Journal of Modern Linguistics*, 9(2), 115–128.

Townsend, D. J. & Bever, T. G. (2001). *Sentence Comprehension: The Integration of Habits and Rules*. Cambridge, MA: MIT Press.

Traxler, M. J. & Pickering, M. J. (1996). Plausibility and the processing of unbounded dependencies: An eye-tracking study. *Journal of Memory and Language*, 35(3), 454–475.

Truscott, J. & Sharwood Smith, M.（2004）. Acquisition by processing: A modular perspective on language development. *Bilingualism: Language and Cognition*, 7（1）, 1–20.

Tsimpli, I. M. & Dimitrakopoulou, M.（2007）. The Interpretability Hypothesis: Evidence from wh-interrogatives in second language acquisition. *Second Language Research*, 23（2）, 215–242.

Tsimpli, I. M. & Roussou, A.（1991）. Parameter resetting in L2? *University College London Working Papers in Linguistics*, 3, 149–169.

Tsimpli, I.-M. & Sorace A.（2006）. Differentiating interfaces: L2 performance in syntax-semantics and syntax-discourse phenomena. In D. Bamman, T. Magnitskaia, & C. Zaller（Eds.）*Proceedings of the 30th Annual Boston University Conference on Language Development*（pp. 653–664）. Somerville, MA: Cascadilla Press.

Ullman, M.T.（2020）. The declarative/procedural model: A neurobiologically motivated theory of first and second language. In B. VanPatten, G. D. Keating, & S. Wulff（Eds.）*Theories in Second Language Acquisition: An Introduction*（third edition）（pp. 128–161）. Routledge.

Umeda, M.（2006）. Wh-movement in L2 grammars: Evidence for parameter resetting. In K. U. Deen, J. Nomura, B. Schulz, & B. D. Schwartz（Eds.）*Proceedings of the Inaugural GALANA Conference UConn WPL/MITWPL*（pp. 389–400）. Cambridge, MA: MIT Press.

Umeda, M.（2008）. *Second Language Acquisition of Japanese Wh-constructions.* [Unpublished doctoral dissertation]. McGill University.

Vafaee, P., Suzuki, Y., & Kachisnke, I.（2017）. Validating grammaticality judgment tests: Evidence from two new psycholinguistic measures. *Studies in Second Language Acquisition*, 39（1）, 59–95.

Vainikka, A. & Young-Scholten, M.（1994）. Direct access to X'-theory: Evidence from Turkish and Korean adults learning German. In T. Hoekstra & B. D. Schwartz（Eds.）*Language Acquisition Studies in Generative Grammar*（pp. 265–316）. Amsterdam: John Benjamins.

Vainikka, A. & Young-Scholten, M.（1996）. The early stages of adult L2 syntax: Additional evidence from Romance speakers. *Second Language Research*, 12（2）, 140–176.

van Rooij, I. & Baggio, G.（2021）. Theory before the test: How to build high-verisimilitude explanatory theories in psychological science. *Perspectives on Psychological Science*, 16（4）, 682–697.

Vasishth, S., Brüssow, S., Lewis, R. L., & Drenhaus, H.（2008）. Processing polarity: How the ungrammatical intrudes on the grammatical. *Cognitive Science*, 32（4）, 685–712.

Vercellotti, M. L.（2017）. The development of complexity, accuracy, and fluency in second language performance: A longitudinal study. *Applied Linguistics*, 38（1）, 90–111.

Wagers, M. W., Lau, E. F., & Phillips, C.（2009）. Agreement attraction in comprehension: Representations and processes. *Journal of Memory and Language*, 61（2）, 206–237.

Wakabayashi, S. (1996). The nature of interlanguage: SLA of reflexives. *Second Language Research*, 12(3), 266–303.

Wakabayashi, S. (1997). *The Acquisition of Functional Categories by Learners of English.* [Unpublished doctoral dissertation]. University of Cambridge.

Wakabayashi, S. (2009). Lexical learning in second language acquisition: Optionality in the numeration. *Second Language Research*, 25(2), 335–341.

Wakabayashi, S. (2013). Why do we need a linguistic theory to describe learners' behaviors? *Second Language*, 12, 81–108.

Wakabayashi, S. (2021). A principle of economy in derivation in L2 grammar: Do everything in narrow syntax. *Second Language Research*, 37(4), 521–545.

Wakabayashi, S., Kimura, T., Matthews, J., Akimoto, T., Hokari, T., Yamazaki, T., & Otaki, K. (2021). Asymmetry Between Person and Number Features in L2 Subject-Verb Agreement. In D. Dionne & L.A. Covas (Eds.) *Proceedings of Boston University Conference on Language Development (BUCLD) 45* (pp. 735–745). Somerville, MA: Cascadilla Press.

Wakabayashi, S. & Okawara, I. (2003). Japanese learners' errors on long distance wh-questions. In S. Wakabayashi (Ed.) *Generative Approaches to the Acquisition of English by Native Speakers of Japanese* (pp. 215–246). Berlin: Mouton de Gruyter.

Watt, W. C. (1970). On two hypotheses concerning psycholinguistics. In J. R. Hayes (Ed.), *Cognition and the Development of Language* (pp. 137–220). New York: Wiley.

Werker, C., & Brenner, T. (2004). Empirical calibration of simulation models (No. 0410). *Papers on Economics and Evolution.*

Westergaard, M. (2021). Microvariation in multilingual situations: The importance of property-by-property acquisition. *Second Language Research*, 37(3), 379–407.

White, L. (1991). Adverb placement in second language acquisition: Some effects of positive and negative evidence in the classroom. *Second Language Research*, 7(2), 133–161.

White, L. (1992). Subjacency violations and empty categories in L2 acquisition. In H. Goodluck & M. Rochemont (Eds.) *Island Constraints* (pp. 454–464). Dordrecht: Kluwer.

White, L. (2003a). *Second Language Acquisition and Universal Grammar.* Cambridge: Cambridge University Press.

White, L. (2003b). On the nature of interlanguage representation: Universal grammar in the second language. In C. J. Doughty & M. H. Long (Eds.) *The Handbook of Second Language Acquisition* (pp. 19–42). Oxford: Blackwell.

White, L. (2008). Some puzzling features of L2 features. In J. Liceras, H. Zobl, & H. Goodluck (Eds.), *The Role of Features in Second Language Acquisition* (pp. 301–326). Mahwah, NJ: Lawrence Erlbaum Associates.

White, L. (2009). Some questions about feature re-assembly. *Second Language Research*,

25(2), 343–348.

White, L. (2011). Second language acquisition at the interfaces. *Lingua*, 121(4), 577–590.

White, L. (2014). Linguistic theory, universal grammar, and second language acquisition. In B. VanPatten & J. Williams (Eds.) *Theories in Second Language Acquisition: An Introduction* (pp. 34–53). New York: Routledge.

White, L. & Juffs, A. (1998). Constraints on wh-movement in two different contexts of nonnative language acquisition: Competence and process. In S. Flynn, S. G. Martohardjono, & W. O'Neil (Eds.) *The Generative Study of Second Language Acquisition* (pp. 111–129). Mahwah, NJ: Lawrence Erlbaum Associates.

Widdowson, H. (2022). Webinar on the subject of English and applied linguistics. *Language Teaching*, 56(3), 1–9. https://doi.org/10.1017/S0261444822000088

Wilcox, E., Levy, R., Morita, T., & Futrell, R. (2018). What do RNN language models learn about filler–gap dependencies? *Proceedings of the 2018 EMNLP Workshop BlackboxNLP: Analyzing and Interpreting Neural Networks for NLP*, 211–221.

Wolfe-Quintero, K., Inagaki, S., & Kim, H. Y. (1998). *Second Language Development in Writing: Measures of Fluency, Accuracy, & Complexity*. Hawaii: University of Hawaii.

Xia, V. Y., White, L., & Guzzo, N. B. (2022). Intervention in relative clauses: Effects of relativized minimality on L2 representation and processing. *Second Language Research*, 38(2), 347–372.

Yang, C. (2002). *Knowledge and Learning in Natural Language*. Oxford: Oxford University Press.

Yang, C. (2004). Universal grammar, statistics, or both. *Trends in Cognitive Sciences*, 8(10), 451–456.

Yang, C. (2018). A formalist perspective on language acquisition. *Linguistic Approaches to Bilingualism*, 8(6), 665–706.

Yang, C. & Montrul, S. (2017). Learning datives: The Tolerance Principle in monolingual and bilingual acquisition. *Second Language Research*, 33(1), 119–144.

Yoshimura, N. (2017). Scrambling. In S. Masayoshi & T. Kageyama (Eds.), *Handbooks of Japanese Language and Linguistics 4* (pp. 807–843). Berlin: Mouton de Gruyter.

Yuan, B. (2001). The status of thematic verbs in second language acquisition of Chinese: Against inevitability of thematic verb-raising in L2 acquisition. *Second Language Research*, 17(3), 248–272.

Yuan, B. (2004). Negation in French–Chinese, German–Chinese and English– Chinese interlanguages. *Transactions of the Philological Society*, 102(2), 169–197.

Yuan, B. (2022). Syntactic priming of (object/VP/ΣP) ellipsis in English and Korean speakers' L2 Chinese speech production. 招待講演, 中央大学.

Yuan, B. & Dugarova, E. (2012). Wh-topicalization at the syntax-discourse interface in English speakers' L2 Chinese grammars. *Studies in Second Language Acquisition*, 34(4), 533–560.

Yuan, F., & Ellis, R.（2003）. The Effects of Pre-Task Planning and On-Line Planning on Fluency, Complexity and Accuracy in L2 Monologic Oral Production. *Applied Linguistics*, 24, 1–27. https://doi.org/10.1093/applin/24.1.1

Yusa, M., Kim, J., Yusa, N., & Koizumi, M.（2014）. Subject–verb agreement attraction in production by Japanese learners of English. Unpublished paper presented as a poster at the 20th Architectures and Mechanisms for Language Processing Conference, The University of Edinburgh, Edinburgh, UK.

Zobl, H. & Liceras, J.（1994）. Functional categories and acquisition orders. *Language Learning*, 44（1）, 159–180.

〈和文参照文献〉

植原亮（2020）『思考力改善ドリル―批判的思考から科学的思考へ―』勁草書房.

草薙邦広（2013）「時間制限を用いた文法性判断課題：基礎的検討と時間制限の設定方法について」『LET 関西支部メソドロジー研究部会 2012 年度報告論集』46–67.

久野暲（1973）『日本文法研究』大修館書店.

小池生夫（1994）（監修）『第二言語習得に基づく最新の英語教育』大修館書店.

小泉政利（2010）「言語」村上郁也（編）『イラストレクチャー認知神経科学―心理学と脳科学が解くこころの仕組み―』89–106. オーム社.

坂本一寛（2019）『創造性の脳科学―複雑系生命システム論を超えて―』東京大学出版会.

坂本勉（1998）「人間の言語情報処理」大津幸雄・郡司隆男・田窪行則・長尾真・橋田浩一・益岡隆志・松本裕司（編）『シリーズ言語の科学 11 巻 言語科学と関連領域』1–55. 岩波書店.

篠原和子・宇野良子（編）（2021）『実験認知言語学の深化』ひつじ書房.

杉崎鉱司（2015）『はじめての言語獲得―普遍文法に基づくアプローチ―』岩波書店.

鈴木宏昭（2022）『私たちはどう学んでいるのか―創発から見る認知の変化―』筑摩書房.

辻幸夫・中本敬子・李在鎬（2011）『認知言語学研究の方法―内省・コーパス・実験―』ひつじ書房.

寺沢拓敬（2009）「「ことばのちから」というイデオロギー：言語現象を「能力化」するまなざしを問う」『社会言語学』9, 43–61.

寺沢拓敬（2015）「英語教育学における科学的エビデンスとは？：小学校英語教育政策を事例に」『外国語教育メディア学会（LET）中部支部外国語教育基礎研究部会 2014 年度報告論集』15–30.

戸田山和久（2015）『科学的実在論を擁護する』名古屋大学出版会.

中村捷・金子義明・菊地朗（2001）『生成文法の新展開』研究社.

橋本敬（2016）「言語とコミュニケーションの創発に対する複雑系アプローチとはなにか」『計測と制御』53, 789–793.

原田信一（1977）「日本語に「変形」は必要だ（続）」『月刊言語』6(12), 96–103.

藤垣裕子（1996）「学際研究遂行の障害と知識の統合：異分野コミュニケーション障害を中心として」『研究技術計画』10, 73–83.

松本博行・黒野定・小森直香（2002）「複雑系研究手法としての PROTEOMICS とパースのアブダクション（仮説形成推理）」*Journal of the Mass Spectrometry Society of Japan*, 50, 116–125.

村野井仁（2006）『第二言語習得研究から見た効果的な英語学習法・指導法』大修館書店.

米盛裕二（2007）『アブダクション―仮説と発見の論理―』勁草書房.

若林茂則・穂苅友洋・秋本隆之・木村崇是（2018）「論考：分散形態論が照らし出す三人称単数現在 -s の変異性の多層的原因」*Second Language*, 17, 51–84.

若林茂則・山崎妙（2006）「3 単現の -s の使用に見られる統語構造と線的距離の影響」『科学研究費基盤研究 C 報告書 15520364』45–64.

渡邊芳之（2010）『性格とはなんだったのか―心理学と日常概念―』新曜社.

渡邊芳之・佐藤達哉（1991）「パーソナリティ概念を用いた行動説明にみられる方法論的問題点」『人文科学論集』25, 19–31.

亘理陽一・草薙邦広・寺沢拓敬・浦野研・工藤洋路・酒井英樹（2021）『英語教育のエビデンス―これからの英語教育のために―』研究社.

索　引

著者紹介 (五十音順 ＊は編者)

木村 崇是 (きむら たかゆき)

宇都宮大学助教。1992 年生まれ。2022 年中央大学で博士号を取得後、東京大学特任研究員を経て現職。2021 年、Boston University Conference on Language Development にて Paula Menyuk Award 受賞。専門は第二言語習得、統語論。執筆論文は *Linguistic Inquiry*、*Language Acquisition*、*Snippets* 等の国際学術誌のほか、*Generative SLA in the Age of Minimalism: Features, Interfaces and Beyond* (John Benjamins, 共著)、『第二言語習得研究モノグラフシリーズ 第 2 巻』(くろしお出版, 共著) 等に掲載。

田村 祐 (たむら ゆう) ＊

関西大学准教授。1988 年生まれ。2018 年名古屋大学大学院博士後期課程を修了。博士(学術)。専門は応用言語学、第二言語習得。執筆論文は *Second Langauge Research*、*Applied Psycholinguistics* 等に掲載。

福田 純也 (ふくた じゅんや) ＊

中央大学准教授。1988 年生まれ。2016 年、名古屋大学大学院国際開発研究科博士後期課程修了、博士 (学術)。2015 年、外国語教育メディア学会新人奨励賞受賞。専門は応用言語学、とりわけ言語知識の無意識的学習や、言語と認識のインターフェイスについて。主著に『外国語学習に潜む意識と無意識』(開拓社)、主な執筆論文は、*Applied Linguistics*、*International Review of Applied Linguistics in Language Teaching*、*Journal of Second Language Studies*、*Second Language Research*、*System* 等に掲載。

峰見 一輝 (みねみ いつき)

立命館大学講師。専門は心理言語学。2021 年、東京大学大学院総合文化研究科博士課程修了。日本学術振興会特別研究員 DC1 を経て現職。2016 年・2020 年日本言語学会大会発表賞、2018 年一高記念賞を受賞。執筆論文は『言語研究』等に掲載。

矢野 雅貴 (やの まさたか) ＊

東京都立大学准教授。専門は心理言語学、言語認知神経科学。眼球運動や脳波の計測を通して言語知識と言語理解・産出の関係性を研究している。九州大学で博士号を取得後、日本学術振興会特別研究員 PD・九州大学助教を経て現職。2016 年日本言語学会論文賞、2017 年同学会発表賞を受賞。執筆論文は *Language, Cognition & Neuroscience*、*Journal of East Asian Linguistics* 等に掲載。

第二言語研究の思考法
──認知システムの研究には何が必要か──

初版第1刷 ── 2023年11月10日

編著者 ─────── 福田純也・矢野雅貴・田村祐
著 者 ─────── 木村崇是・峰見一輝

発行人 ─────── 岡野 秀夫
発行所 ─────── 株式会社くろしお出版

　　　　　　　　〒102-0084　東京都千代田区二番町4-3
　　　　　　　　［電話］03-6261-2867　［WEB］www.9640.jp

印刷・製本　シナノ書籍印刷　　組版　エディット
装　丁　仁井谷伴子

©FUKUTA Junya, YANO Masataka, TAMURA Yu, 2023
Printed in Japan
ISBN978-4-87424-961-1　C3081
乱丁・落丁はお取りかえいたします。本書の無断転載・複製を禁じます。